中世修道院の世界——使徒の模倣者たち

Marie-Humbert Vicaire
L'IMITATION DES APÔTRES

中世修道院の世界

—使徒の模倣者たち—

M.-H. ヴィケール［著］
朝倉文市［監訳］ 渡辺隆司・梅津教孝［訳］

八坂書房

M.-H. Vicaire
L'IMITATION DES APÔTRES
Moines, chanoines, mendiants
(IVe - XIIIe siècles)
Les Éditions du Cerf, Paris, 1963

装幀：大谷香菜

中世修道院の世界

目次

○本文右肩に付した（ ）は、原註（一五五頁以下）の註番号を示す。また同じく右肩に付した＊は、下段に訳註があることを示す。

○引用文中の［ ］は原著者による註記、また本文中の〔 〕は、訳者による註記であることを示す。

○聖書からの引用は、原則として『聖書 新共同訳』に拠った。

○巻末の付録、および本文中の図版は原書にはなく、日本語版刊行にあたり新たに付したものである。

緒言

一九三七年、M＝H・ヴィケールは、P・マンドネが聖ドミニクスに関して出版したり、あるいは草稿のまま残しておいたりした研究をまとめる一方で、中世修道会史における「使徒の模倣」というテーマの重要性を指摘し、その最初の総括を試みた。

その少し前、H・グルントマンは、十二世紀には分離派説教師たちが「自分たちこそ『使徒の後継者』である」と執拗に主張していた、と指摘していた。また、他の研究者は、同世紀にはドイツのルーペルトのような人物が、修道院の長い伝統から、「使徒的生活」のカリキュラムを受けついでいるとも述べていた。ところで、当時の聖堂参事会員も「自分たちが最も忠実に『使徒の模倣』を行なっている」と主張していた。また、少し後になって、聖ドミニクスと聖フランチェスコが、やはりそのテーマから着想を得て、独特の形で発展させていった。

ヴィケールは、「使徒の模範への回帰」という理想の刷新は十一世紀のグレゴリウス改革に由来するとの見方をとることで、これらさまざまの現象に一貫性を与えることに成功した。そして、この目ざましい改革から派生した種々の流れを、グレゴリウスの聖職者改革、聖堂参事会運動、巡回説教師から使徒分離派や異端者までを通貫する「使徒運動」、そして十三世紀の托鉢修道会、この四つに分類した。この総括は概略的でいささか単純すぎるとはいえるが、それでも、多くの点で示唆に富んでいた。

一九三七年以来、グレゴリウス的聖堂参事会員の歴史はまったく新しい姿を見せ、「原初の使徒的生活（*vita apostolica*）への回帰」というテーマが、十一世紀および十三世紀において持っていた魅力および影響についての情報が増加した。さらに別の研究者たちは、この「使徒の模倣」というテーマは、四世紀そして九世紀にも湧出していたと指摘している。そして、ヴィケールのドミニコ会研究によって、「使徒の模倣」のテーマが十三世紀初頭になされた修正が、より明確に把握できるようになったのである。

四世紀から十三世紀にかけてあれほど豊かであったこのテーマの変遷のアウトラインを引くこと、それがこの試論の目的である。現代においても「使徒の模倣」というテーマはまだその重要性を失っていないからである。

Les Éditions du Cerf 編集部

序章

使徒の生活

LA VIE APOSTOLIQUE

キリスト教の古い建築や記念物には、しばしば使徒たちの姿が見うけられる。ラヴェンナやローマのモザイクから始まり、ロマネスク様式の柱頭やフレスコ、ゴシック様式の扉の上部アーチ型部分を経て、十五世紀の聖職者席（そこでは使徒たちは預言者たちと交互に姿をあらわしている）、さらには時禱書の挿絵にいたるまで、裸足で、長衣をまとい、光輪を頭上に、厳しい顔をした苦行者たちの姿が見られる。彼らは、キリストを取り囲み、その話に耳を傾けている場合もあるし、あるいは、胸にしっかり抱いた聖書や自分たちの殉教を示す特別な道具によって、救世主の存在を表現している時もある。使徒たちは、個別に示されることもあるが、洗足式に集まった時や、敬虔な態度で最後の晩餐に臨んでいる時のように、一緒になって描かれていることのほうが多い。さらにまた、キリストが受難の聖痕とともに復活したのを目の当たりにして、信仰心を固くした時、ヴェズレーの玄関廊のタンパンに描かれているように、キリストから受け取ったばかりの使命に燃えている時、聖霊降臨の恩寵によって天啓を与えられた時など、啓示を受けたさまざまの瞬間が示されている。

　こうした高潔な使徒たちの顔は、かつてそれらが伝える役割を果たしていた教えを、今もなおキリスト教徒たちに伝え続けているだろうか。たしかに人々は、使徒の姿にキリストの生涯における言行を読み取り続けてはいる。使徒の姿を見れば、福音書が浮かんでくるし、キリスト教会の起源も思い出される。そして子どもたちの洗礼の際には、力強い守護者として、使徒たちの名前*が好んで与えられる。しかし、かつてのキリスト教徒が使徒たちの像に求めていたのは、また違ったことだった。彼らにとって、使徒の姿は、完璧な生活の方法を読み解くための書物だったからである。使徒たちは、キリスト教徒としての生き方の完璧な模範、生きた規範だった。その姿を見れば、正しい生き方の概略のみならず、その細部までもが思い浮かぶ、そうしたものであった。

*「使徒」（アポストロス）とはギリシア語で「遣わされた者」の意で、全世界に福音を宣べ伝えるためにキリストにより選ばれた者たちのこと。神学上の厳密な定義をめぐっては諸説あるが、一般的には、最初に選ばれた十二弟子と同一視されることが多い（十二使徒）。またキリストの直弟子ではないが、初期の伝道に偉大な功績を遺したパウロもまた、しばしば使徒の一員に数えられ、ペトロとともに「使徒の頭」と呼ばれる。「十二使徒」の名については、一九頁を参照。

■キリストと十二使徒
ヴェズレー
サント・マドレーヌ聖堂
玄関廊のタンパン

使徒たちは、後に神の教えを地の果てまで広めるにあたって、キリストの生き証人たるため、イエスの生涯と死に親しく交わっていたのではないだろうか。その親密度は、「もはや、わたしはあなたがたを僕《しもべ》とは呼ばない。僕は主人が何をしているか知らないからである。わたしはあなたがたを友と呼ぶ。父から聞いたことをすべてあなたがたに知らせたからである」(「ヨハネによる福音書」一五：一五)とイエスが言うほどのものであった。使徒たちは、イエス自身によって、時に応じて、段階的に、神についての教えにふさわしいリズムで、ゆっくりと教育されていたのではないだろうか。たとえばイエスは、復活の後に使徒たちが話し、行うべきことを何度も試し、慣れさせておこうとでもするかのように、神の王国を告げる時に彼らがなすべき振舞いを入念に説明し、二人ずつ組にして、彼の前に、説教をしに行かせていた。イエスは、後の人々にとっての「群れの模範」(1)となるよう、使徒たちを教育したのだった。ここから、聖パウロの次のような確固とした言葉が生まれる。「わたしがキリストに倣《なら》う者であるように、あなたがたもこのわたしに倣う者となりなさい」(「コリントの信徒への手紙一」四：一六)。使徒を模倣する？　当

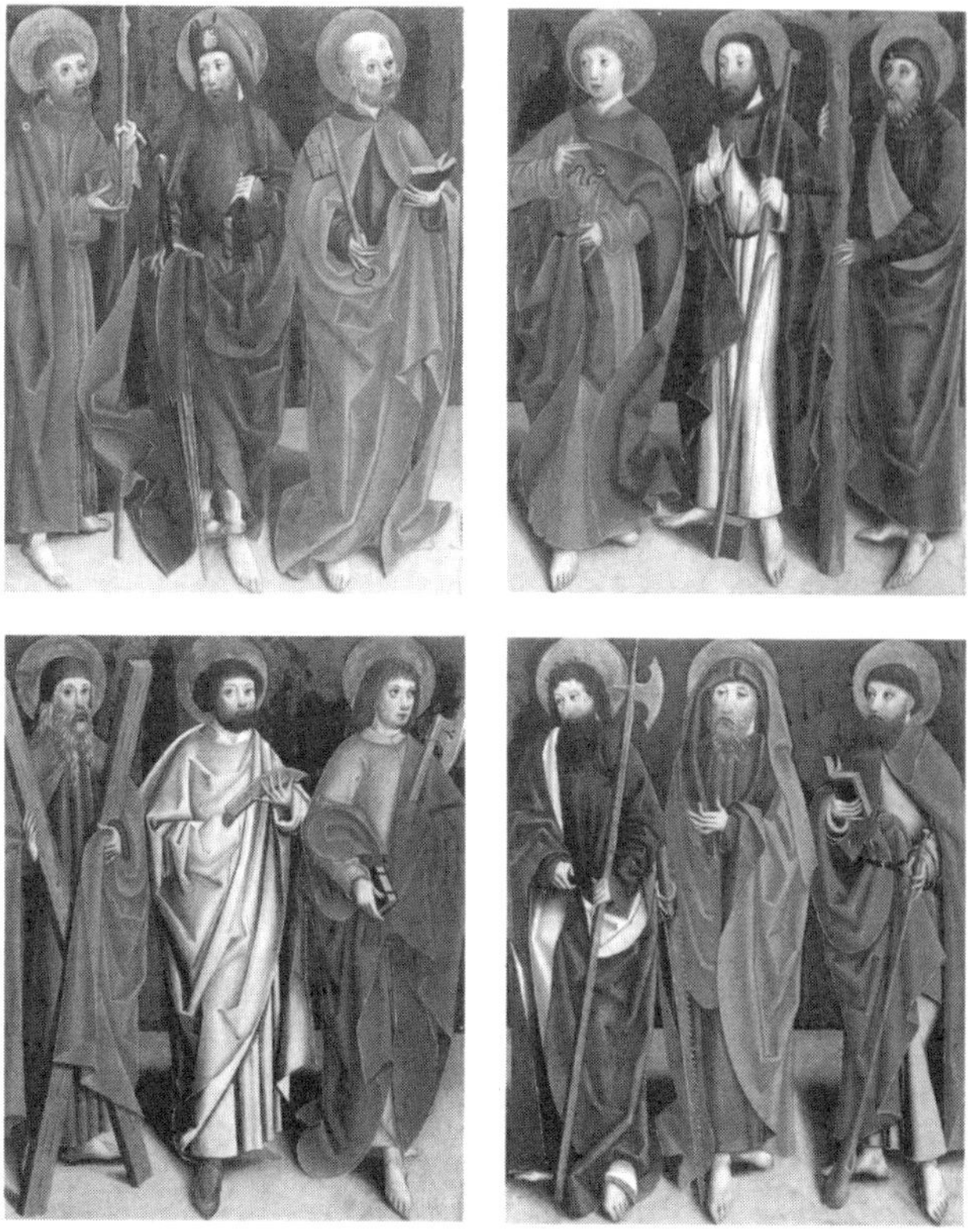

■十二使徒
（左上より右に）
トマス
大ヤコブ（ゼベタイの子）
ペトロ（シモン）
ヨハネ（大ヤコブの兄弟）
小ヤコブ（アルファイの子）
フィリポ
アンデレ（ペトロの兄弟）
バルトロマイ
マティア（ユダの脱落後に選出）
マタイ
シモン
タダイ（小ヤコブの兄弟）
十五世紀末の祭壇画
ブリクセン司教区美術館蔵

然のことだ。彼らは、その在り方と人となりによって、エルサレム教会におけるキリスト教徒の原型を作ったのである。後の時代のキリスト教徒が、使徒という喚起力のある像を、はっきり見えるところに設置し、保存していたのはそのためである。

使徒の像・姿に親しむことは聖書についての瞑想を補完し、それによって、聖書が語っていた「使徒の生活ないしは使徒の交わりは完璧な生活の典型である」という考えを普及させるのに役だった。それゆえ教会における改革運動のあらゆる段階において——その発生期だけでなく変革期においても——改革家たちの間で、「使徒の生活」からそれまで見逃されていた要素を新たに発見しようという意図が、まるでライトモチーフのように、姿をあらわすこととなった。エジプトの苦行者から今日の村々の小教区の司祭にいたるまで、おびただしい数の隠修士、修道士、聖堂参事会員、巡回説教師、托鉢修道会士、宣教師、さらには司教区司祭たちまでが、神からの呼びかけによりよくこたえようと、この基本的努力を繰り返してきたわけである。

ところで驚くべきことは、こうした試みのきっかけを与えたのが、使

■サセッタ《最後の晩餐》
一四二三―二六年
シエナ国立美術館蔵

徒たちの役割の直接の後継者である聖職者たちではなく、教会における改革運動から最初に生まれた苦行者、独居修道士、共住修道士たちだったことである。したがって、そうした修道院運動の大いなる先駆者たちが、豊かな未来を約束する生活形態を確立し、発展させ、改良するために、今日なお新約聖書の中のかなりの部分が伝えている、イエスが望み、使徒たちが受け入れ、自らの言葉と生活によって範を示していた生き方を、どのように再現しようとしたのかを検討するのはきわめて興味深いことなのである。

第*1*章

修道士

LES MOINES

一　キリスト教徒の典型としての使徒

修道士にとっての理想を体現している使徒たちについての情報源である新約聖書の中から、私たちはまず、使徒の姿をかりてキリスト教徒がとるべき行動を示している福音書の文章を見ておこう。個々の人に向けられた言葉の中で、神による呼び声、神の「召出し・召命」ほど重要なものはない。イエスによって投げかけられたあの有名な「わたしについて来なさい」という言葉は、十二人の「使徒の交わり」の根源に存在している。しかし、その言葉は他の人々にも意味を持っている。それは使徒たちだけに向けられたものではないからである。金持ちの青年もこの言葉を聞いた。「もし完全になりたいのなら、行って持ち物を売り払い、貧しい人々に施しなさい。そうすれば、天に富を積むことになる。それから、わたしに従いなさい」(「マタイによる福音書」一九：二一)。このような「召命」に対して、使徒たちに倣って、修道士たちも「はい」と答えたのである。

福音書にはまた、十二人の使徒全体に向けられた忠告や教えがある。そうした教えは、使徒を宣教に赴かせる物語に多くあらわれている。それらは、聖堂参事会員やとりわけ托鉢修道会士について述べる際に、詳しく検討することにしよう。ともあれ、そうした召命を修道士たちが直接聞くこともしばしばあったのである。

聖パウロの手紙にも、同じ趣旨の文章が数多く見られる。そこで聖パウロは、自分がとくに強く引きつけられているいくつかの態度やふるまいを行なうように勧めている。修道士たちは、中でも、パウロが手仕事に関して言っていることがらに注目した。そこで目的とされていたことは、自立し、だれの世話にもならないという誇りであった。修道士はそこに自分たちが実践しようとしている「使徒的生活」(*vita apostlica*)の基本要素を見たのである。

とはいえ、新約聖書の中で修道士たちにもっとも強い印象を与えたのは、「使徒言行録」における初期共同生活の記述であった。同書の最初の数章のうち、注釈学者が「要約」と呼ぶ、一連の同じ態度が繰り返し描かれている四節がある。そのうち主要なものを二つあげておこう。これは私たちが考察している歴史のいたるところで聞こえてくるはずのものである。

信じた人々の群れは心も思いも一つにし、一人として持ち物を自分のものだと言う者はなく、すべてを共有していた。使徒たちは、大いなる力を持って主イエスの復活を証《あか》しし、皆、人々から非常に好意を持たれていた。信者の中には、一人も貧しい人がいなかった。土地や家を持っている人が皆、それを売っては代金を持ち寄り、使徒たちの足もとに置き、その金は必要に応じて、おのおのに分配されたからである。

（「使徒言行録」四：三二―三五）

第二の文はこれとほぼ重なっている。

彼らは、使徒の教え、相互の交わり、パンを裂くこと、祈ることに熱心であった。／すべての人に恐れが生じた。使徒たちによって多くの不思議な業《わざ》としるしが行われていたのである。信者たちは皆一つになって、すべての物を共有にし、財産や持ち物を売り、おのおのの必要に応じて、皆がそれを分け合った。そして、毎日ひたすら心を一つにして神殿に参り、家ごとに集まってパンを裂き、喜びと真心をもって一緒に食事をし、神を賛美していたので、民衆全体から好意を寄せられた。こうして、主は救われる人々を日々仲間に加え一つにされたのである。

（同、二：四二―四七）

これらの節は「使徒言行録」の最初の数章の宝石である。これは教会の起源に関して、今でもなお聞くことのできる、はるか彼方からの「こだま」を伝えている。当然のことながら、今日これらは注釈学者たちからきわめて高く評価されている。ところで、修道士たちもまたこれらを愛をもってながめ、検討し、吟味してきた。何世紀にもわたって、修道士たちはとくにこれらの詩句が自分たちの理想の起源であるとみなしてきた。

＊クリュニー（修道院）
フランス、ブルゴーニュ地方のベネディクト会修道院。十世紀初頭以降の修道院改革で中心的役割を果たし、以後二〇〇年の間に一五〇〇余の従属修道院からなる一大修道院連合を組織するほどの発展を見せたが、十二世紀になると規律の弛緩と奢侈が、シトー会をはじめとする改革派の批判を浴びるなどして、急速にその勢力を失った。

きた。この点については数多くの文献を引用することができる。それらは、その起源から十二世紀のシトー会修道士の出現によって迎える見事な開花期にいたるまで、修道院史のあらゆる過程に散在している。シトー会修道士たちに関する文献には後ほどふれよう。ところで、クリュニー*もこの頃同じように考えていた。その証拠としては、後に聖ベルナルドゥス**の弟子となるが、当時はまだランスにほど近いサン＝ティエリのクリュニー系修道院の院長であった、ギヨーム***の美しい言葉がある。彼は一一二二年頃、修道士の生活の歴史について、次のように記している。

使徒聖パウロがフィリピ人に向かって語る精神社会、心を一つにして兄弟のように一緒に生活をすることの楽しいよろこび、規律への賛辞(1)に話を戻そう。こうした規律を讃えるためには、この規律が飛躍的に発展しはじめた使徒たちの時代に遡らねばならない。というのも、主から教えられた模範にしたがって——神の恩寵によって聖霊が規律に力を与えているのかも知れないが、それはともあれ——多くの人々が一つの心と一つの魂で結ばれ、すべてを共有し、同じ

**ベルナルドゥス（クレルヴォーの）
一〇九〇—一一五三　神秘思想家、教会改革者、聖人。一一一二年にシトー会に入会。三年後にクレルヴォーに新修道院を設立し、修道院長となる。以後ベネディクトゥス戒律を厳密に遵守する生活の導入、そして自身の雄弁な説教と著作によりクレルヴォーの名声を高めるとともに、教会全体に関わる問題についても政治的な指導力を発揮するなど、多方面で活躍した。十二世紀ルネサンスを代表する思想家の一人でもある。

***ギヨーム（サン＝ティエリの）
一〇八〇頃—一一五三　神秘思想家、神学者。一一一九年よりサン＝ティエリの修道院長を務めたが、ベルナルドゥスとの親交の結果、一一三五年にシトー会に移る。ここに引かれているのは初期の代表作『愛の本性と尊厳について』からの一節。

気持でたえず礼拝堂に通うという共同生活の様式を確立したのは使徒たちだったからである。使徒たちによって定められたこうした生活様式への強い愛情に鼓舞されて、何人かの人々は、もはや、神の家、祈りの家のほかには家を持ちたがらないようになっている。彼らは、自分たちが行なうすべてのことを、共通の規律の下、共通の時間割で行なう。主の御名において、彼らは一緒に住み、何一つ私有物は持たない。自分自身の肉体さえ私しない。そして、自分の意思の主人でさえないので、彼らは共に眠りにつき、共に起床し、共に祈り、共に朗読し、共に学ぶ。彼らは、指導者に従い、服従するという堅固な不動の決意を表明していた。生活必需品は最低限に制限し、ほとんど何も使わないで暮らす。質素な衣服をまとい、粗末な食事をとる。彼らは、このように非常に明確な規律によって、すべてを律しているのだ。(2)

この文に疑いを差しはさむ余地はない。十二世紀の修道士は、使徒によって説かれ、実践されていた共同生活を続けているとはっきりと自覚していたのである。ところで、修道院の起源が使徒にあるというこうした主張は、あらわれて八世紀になるのだが、漠然とほのめかされているわけではない。それは、そう主張する者にとっては、四世紀以来紛れもない事実と考えられている次の二つの論拠に基づく明確なものであり、論理にかなった確信だったのである。その一つは、修道制の起源がエジプトにあるというもの――これは事実だ――であり、もう一つは、キリスト教発生以来、エルサレムと同一の生活形態がやはりエジプトに存在していたというもの――こちらのほうは正確ではない――である。

カエサリアのエウセビオス*は、四世紀初頭（三〇三―三二五年）の教会史を書いたその著作において、上の第二の主張を展開している。(3) 彼は、アレクサンドリアのフィロン**の文書の中に、使徒たちによってエルサレムの教会に伝えられた生活習慣は、アレクサンドリア、エジプト、さらにはずっと遠くにまでも広がっていたという証拠を発見したと考えた。周知のようにフィロンは、西暦四〇年以前に書いた『観想生活について』または『嘆願者』などの著作の中で、彼が「テラペウタイ派」と名付け

*エウセビオス（カエサリアの）
二六〇頃―三三九　「教会史の父」と呼ばれるカエサリアの主教。主著『教会史』一〇巻は、最初の教会史であり、初代教会史に関する書簡・公文書・著書の抜粋などの史料を豊富に収めている点でも貴重である。

**フィロン（アレクサンドリアの）
前二五頃―後五〇頃　ユダヤ人哲学者。モーセ五書の釈義を中心とする三六の著作があり、プラトン哲学を援用したその思想は、ユダヤ教よりも初期キリスト教教父に多大な影響を与えたとされる。

ている人々の実に風変わりな社会制度を描いている。テラペウタイ派*の人々は砂漠を住処とし、模範的な共同生活を送り、極貧の暮らしを実践し、すべてを共有し、物は各人の必要に応じて分配している。共に暮らしている間、彼らは昔の書物を読むことに熱中し、長期の断食を行なう。三日に一度、六日に一度しか食事をとろうとしない者もいるほどである。そしてフィロンによれば、彼らがお祈りをする部屋は「モナステリオン」(*monasterion*)とよばれている。

　エウセビオスはその記述にたいへん強い印象を受けた。テラペウタイ派の人々は、清貧の生活、物の共有化、各人の必要に応じた分配といった、まさしく「使徒言行録」に描かれている初期キリスト教徒たちが行なっていたことを実践している。彼らが読む昔の書物とは、福音書はもちろんだが、「ヘブライ人への手紙」やパウロの手紙のように使徒の書いたものでしかありえない。彼らの行なった断食は、間違いなく初期キリスト教徒のそれだ。そしてエウセビオスは綿密で長い分析を次の言葉で締めくくる。「フィロンは、福音による教えを最初に宣《の》べ伝えた者たちや、はじめから使徒たちによって伝えられた習慣を知っており、それ

＊テラペウタイ派
アレキサンドリアのユダヤ人の一宗派。排他的、禁欲的な集団生活を営んでいたとされる。「テラペウタイ」とは、心の病を癒す「治癒者」を意味する語で、別に純粋な「奉仕者」あるいは「礼拝者」とも呼ばれる。

を書き記したのである。これは誰の目にも明らかだ」。このようにエルサレム教会の使徒の生活は、フィロンの時代にはアフリカにまで広まっていたのである。その上フィロンの証言をより詳細に見てみると、この生活はアレクサンドリアの近郊だけではなく、マレオティス潟*を越えたはるか遠くの地、さらには世界のあちらこちらに確立されていたのがわかる。エウセビオスはそこから、「使徒言行録」に描かれている初期の生活形態は、エルサレムはもちろんユダヤ王国で確立していただけではなく、広範囲に広がっていて、すでに聖マルコの時代にはエジプトに達しており、やがて聖パウロが説教を行なった他の多くの国々にも定着したのだ、と結論づけた。このように、祈り、清貧、一体化を基本とした共同生活が初期教会の中心となっていたのである。

エウセビオスは「使徒的苦行者」(4)ばかりでなく「修道院」という言葉さえ口にしてはいるが、そうした生活を修道士のそれと関連づけてはいない。その時期、修道制度そのものがまだ生まれていなかったからである。しかし半世紀後には、その二つを明瞭に関係づける人々がでてきた。聖ヒエロニュムス**は、『著名人について』(*De viris illustribus*, 三九二年)の八

***マレオティス潟**
現名マリュート湖。ナイルの三角州にある塩湖。アレクサンドリアは地中海と同湖の間に位置する。

****ヒエロニュムス**　三四七―四一九
古代教会のラテン教父、聖人。聖書学者として多数の訳書、註解書、著書があり、なかでも聖書原典からのラテン語訳聖書（ウルガータ聖書）の翻訳者として名高い。またエウセビオス『教会史』のラテン語訳を遺してもいる。

章と九章において、テラペウタイ派に関するエウセビオスとフィロンの記述をとりあげ、次のように結論している。「このように初期キリスト教信者の教会は、今日の修道士がそうあろうと望み、かつ努めているとおりのものであったと思われる。信者はだれ一人物を所有せず、信者の間には貧富の差はなく、財産は貧しい者の間で分けられ、人々は祈りと聖書の朗読、勉強と禁欲の生活を送っていた。ルカはエルサレムの信者たちのことをこれと同じように描いてはいなかっただろうか」(5)。

カッシアヌス*はそれからほぼ三十年後——彼は四一九年から四二八年の間に書いた——その二つを比較するだけでは満足せず、両者の連続性をも主張した。彼はアレクサンドリア教会の起源とテラペウタイ派についてエウセビオスが言っていることを再読し、修道士たちはこのような生活形態を聖マルコから学んだのだとはっきり述べている。また、エルサレム教会だけというより、むしろ初期教会全体に対して、使徒たちから課せられていた信者の勤めを、修道士たちはもっと厳格なものにしたとさえ述べた(6)。こう主張することでカッシアヌスは、それ以後中世の教

＊カッシアヌス　三六〇頃—四三五頃　マルセイユの修道士。ベツレヘムやエジプトで修道生活を送った後、四一五年頃にマルセイユで男女の修道院を設立した。この修道院の活動と彼の設けた規則、さらには『共住修道者の綱要及び八つの主な悪徳の治癒』十二巻などの著作により、西方の修道制の発展に大きく貢献した。

皇大勅書にいたるまでしばしば姿をあらわし続け、多少なりと変化はつけられるものの、一つの図式に還元される、古典となった一つの理論を作ったわけである。

もともと、教会にいるすべての人々のために、「使徒言行録」が記述している共同生活、つまり「使徒の生活」を使徒たちが確立していた。そうした生活形態がアレクサンドリアを含めて教会全体に行き渡った。ところが聖パウロはそのすべてを揺るがすような要素を導入した。彼は、アレクサンドリアのユダヤ人とは違い、キリスト教成立当時の深遠な生活を引き受けるだけの準備ができていない異教徒たちには、エルサレムの使徒会議（「使徒言行録」一五：五―二九）と呼ばれる有名な会議で決められた四つの禁則だけを課す、と認めさせたのである。そのため、その後、どんな信者も異教徒に認められたこの種の生活を送ってよい、と考えられるようになった。したがって、もはや初期のようにすべてを放棄する必要はなくなった。そこで、教会全体に初期教会における生活より堕落した生活形態が広がり、ついには共同生活が放棄されることになった。しかし、それを望まない者たちもいた。それが修道士となったのである。

彼らは昔通りの完璧な生活様式を維持していた。そして、使徒たちによって確立されたエルサレム教会の伝統を引き継ぎ、教会の堕落した部分から隔絶して、初期キリスト教の持っていた息吹を大切に保つ、閉ざされた環境を設立した。以上は、カッシアヌスが主要な苦行者または砂漠の修道士の幾人かとの対談を記した『二十四対談集』(*Collationum XXIV collectio*)の十八番目で、ピアモン修道院長が語っていることである。[7] 対談の結論は以下の通りである。

使徒たちの熱烈な信仰心を今なお生きている人々——「使徒たちの熱烈な信仰心」という言葉をよく理解して欲しい。それは聖霊降臨の大祝日に使徒の上にふりかかった燃え上がる炎を思い出させるではないか——は、初期キリスト教の完璧さを記憶に保ちつつ、自分たちや神の教会にとってはたるみ切ったものとしか思われない怠慢な生活を合法的と考える人々との付き合いや、そうした人々が住む町から遠く離れていった。そうして、郊外やもっと人目につかない場所に生活の場を移し、使徒たちによって教会組織全体のために確

■聖霊の降臨
『ハインリヒ獅子公の福音書』
一一八八年頃
ヘルツォーク・アウグスト図書館蔵

立されていた規律を、個人的かつ私的な律法として実践し始めた。このように、私たちが今問題としている生活規律は、このような汚染から逃れていった人々の弟子たちによって定められたのである。信者の群から身を引き離していったこれらの人々は、ずっと後に「修道士」または「修道者」と呼ばれることになる。彼らが結婚も親類縁者や世間との付き合いもせず、孤独な生活を厳しく実践していたからである。また彼らは、彼ら同士団結し、共同生活を送っていたので、共住修道士とも呼ばれた。

カッシアヌスは修道院の中でもっとも高く評価されていた著作家の一人である。修練士（修道誓願を立てる以前の修道士）や修道士たちに幾度となく読みかえされた彼の対談集は、中世の——現代のと言ってもいいかもしれない——修道士の生活を形成した。したがって、彼のこうした記述が効果のないままであることはありえなかった。その真偽がどうあれ、それは一つの事実、与件だったからである。カッシアヌスの確信はそれ以後の修道士たちに影響を与え、キリスト教徒としての完璧な生活

＊セナークル共同体
セナークルとは高間、すなわちキリストが弟子たち（十二人の使徒たち）と最後の晩餐をとった広間のこと。したがって「セナークル共同体」は、使徒の共同体の意。

に身を捧げたいと望んでいる人々の目を、かつてないほど教会の起源、使徒たちやセナークル共同体*という偉大な模範に向けさせることになった。

十三世紀初頭、クレルヴォーのコンラート**は、『シトー大創立史』と呼ばれるシトー会修道院の編纂資料を集めた時、カッシアヌスのテクストに着想を得て、修道士の生活の綿密な記述をプロローグとして載せた。(8) ちょうど前世紀の初め頃に『真の使徒的生活について』(*De vita vere apostolica*) という小冊子で、聖堂参事会員や在俗の聖職者に対して、修道士を擁護したある論者がしていたように。(9) こうした修道士対世俗という観点は当時一般的なものであった。サン＝ティエリのギヨーム、聖ベルナルドゥス、(10) それにアベラール***(11)までもが、自分たちの修道生活を使徒的生活として提示している。彼らはそうすることで、自分たちは五世紀の修道士と同様に、初期キリスト教時代に使徒たちによって規定され、使徒たちによって実践されていたあの生活——やがて多くのキリスト教徒たちが、初期の信者たちに生命の息吹を送っていた聖霊の啓示にまったくふさわしくない低俗な生活への誘惑に負けて、放棄してしまうこと

**コンラート（クレルヴォーの）　一二〇六年にクレルヴォーの修道士、一二二一年にエーベルバッハの大修道院長となる。同地でまとめられたのが『シトー大創立史』（*Exordium magnum Cisterciense*）である。この『大創立史』は、一九〇八年に手写本が発見され、一九六一年にメルロー修道院の修道士Bruno Griesserによってローマで刊行された。

***アベラール（ペトルス・アベラルドゥス）　一〇七九—一一四二　初期スコラ神学者、哲学者。理性を重視した弁証法的な方法論によってスコラ的方法の礎を築くなど、論理学、神学、倫理学に多大な功績を残したが、神学においてはその方法論に基づき教理と合致しない見解を披瀝することも多く、周囲との軋轢が絶えなかった。はやくに聖ベルナルドゥスからも異端として論難されている。

になったあの高潔な生活——を送っていると示したかったのだ。ところで、こうした確信にはどんな価値があったのだろう。それは真実だったのだろうか。それは修道生活の創始者たちの立場や意図に本当に合致していたのだろうか。

二　初代キリスト教教会へのノスタルジー

もちろんそれは事実誤認であった。エルサレムの生活様式が各地に広がったことなどなかったからである。エウセビオスがテラペウタイ派の生活の記述に初期キリスト教教会の生活様式を認めたのは過ちであった。テラペウタイ派というものがフィロンの豊かなユートピア的想像の産物でなかったとしても、おそらくそれは、先年、偶然に死海北西岸の丘陵地帯にあるクムランでその図書館と思われる遺跡が掘り起こされたあの修道士的な団体と同じ種類のものであり、エウセビオスによって指摘された痕跡以外何も残していない少数のユダヤ人の信心深い苦行者、観想的な人々、ユダヤ精神の熱意にあふれた信仰から生まれた数多くの団体の一つにすぎない。もっとも、我らの主の時代に、ある種のユダヤ信仰に創造的な熱意と宗教的な純粋さを見せている人々がいたということはたいへん興味深い証言ではある。だが、そこにエウセビオスが主張しているような修道院の歴史の起源を見ることはできない。テラペウタイ派は初期キリスト教徒ではなかったし、最初のキリスト教修道士でもなかった。彼らはたいへん宗教心にあつい純粋なユダヤ人にすぎなかったのである。

ともあれ、エウセビオスやカッシアヌスを起源とするこうした間違いによって、歴史が混乱させられてきたにせよ、修道制の根源に、もっぱらそれだけが原因というわけではないが、使徒や初期キリスト教徒を模倣したいという欲望があったことは事実である。

たしかに修道制には、キリスト教独自とはいえないあらゆる内的完成への努力に共通する要素がたくさんある。修道制と時間的にも空間的にもかけ離れた別の制度との間に明らかな類似点があることは、こうした人間精神の一般的共通性によって説明しうる。また、エジプトを起源としているがため、修道制は相当数エジプト固有の伝統を受けついでいる。ルフォール*のような優れたオリエント学者たちが、修道制の副次的特徴の多くが、よくいわれるようなギリシア起源、ピタゴラス起源ではなく、むしろエジプト起源と見ることではるかにうまく説明されることを明らかにした。また、修道制に対するキリスト教の影響は、すべて「使徒の模倣」に帰すわけではない。「天使的生活」「預言の期待」「王道」「自己犠牲」「殉教」といった聖書の諸テーマ[12]は、修道士が自分たちの制度について瞑想するための実に豊かな材料を提供してきた。とはいえ、修道制の起源として歴史家が指摘してきた最も基本的なキリスト教的要因が「初代キリスト教教会への強烈なノスタルジー[13]」であり、それは主として使徒たちが実践し、初代教会に教えたキリスト教的態度である「使徒的生活」を実践したいという意思として姿をあらわしていたということは事実である。これは驚くほどのことではない。彼らはその頃も「使徒言行録」がエルサレムについて叙述しているキリスト教徒の生活形態が普遍的なものであることを確信していたからである。

*ルフォール（ルイ・テオフィル）
一八七九―一九五九
ベルギーのオリエント学者。ルーヴェン大学で教鞭をとり、一九三六年にはオリエント研究所の所長となる。特にコプト語関係の研究を専門とし、修道生活の歴史や聖パコミオス、聖アタナシオスに関する研究や著作を刊行する。彼が設立に尽力した同大学のコプト語文書研究センターは、第二次大戦の爆撃で廃墟に帰した。

■ゲラルド・スタルニーナ
（一三五四―一四一三）
《テーベの隠者たち》（部分）
ウフィッィ美術館蔵

修道制の最盛期においても、またごく初期の段階においても、砂漠へ逃避し、孤独な生活を送る隠修士たちの姿が見られた。原初の混沌とした初期星雲から、明確な輪郭をもった星が生まれるように、教会制度や完徳への運動は、何世紀もの時間をかけて、そうした隠修士的生活を基盤として生まれてきた。そのため真の宗教人の中には、自分では意識しないことが多いが、少なくとも傾向として、つねに幾分か隠修士的なところが存在することになる。ところで、修道院運動の起源である隠修士的生活は、あきらかに使徒たちに向かってキリストがなし、さらに使徒たちが初期キリスト教徒たちになした、あの全面的自己放棄の呼びかけ*（「マタイによる福音書」一九：二一）にその起源を持っている。隠修士的修道生活のもっとも古い文献の一つである、聖アタナシオス**によって書かれた聖アントニオス***の改宗の物語は、そのよい例である。

使徒たちに、イエスにつき従い、その呼び声にこたえて、すべてを捨てさせたのは何か？　初期キリスト教徒に、貧しい人々に分け与えるため、自分の財産を売り払い、使徒の足下に置かせたものは何

*本書一五頁を参照。

**アタナシオス　二九六頃—三七三　アレクサンドリア主教、聖人。アリウス派との闘争に明け暮れ、ニカイア信条の成立と擁護に尽力したギリシア教父。親アリウス派勢力の巻き返しにより、生涯の間に通算十七年にわたり追放ないしは逃亡生活を余儀なくされたが、その間、エジプトの砂漠で親交を得た聖アントニオスの伝記は、修道生活の理念を西方に伝えたものとして極めて重要である。

***アントニオス　二五一頃—三五六　「修道生活の父」と呼ばれるエジプトの隠修士、聖人。中エジプトのメンフィス近くの裕福な農家に生まれたが、福音書の朗読に心打たれて財産を貧者に施し、修道生活に入る。二八五年頃には孤独を求めてナイル東岸の砂漠の丘陵地帯に移り、観想と祈禱の生活を営むかたわら、その聖性を慕って彼

か？　彼らが天に対して抱いていた希望の大きさの本質は何か？　と瞑想していたある日、［アントニオスは］大教会堂に入り、そこでちょうど読まれていた、福音書の中の若い男への神のお召しの物語を聞いた。「もし完全になりたいのなら」主は言われた。「行って、持ち物を売り払い、貧しい人々に施しなさい。そうすれば、天に富を積むことになる。それから、わたしに従いなさい」。そこでアントニオスもすべてを売り払い、砂漠に向かって出発した(14)。

　砂漠への逃避が増加した時、エジプトでは隠修士たちの間にさまざまなタイプの結びつきが生まれ、隠修士たちのグループが組織された。そして、ついに共同生活が出現した。その時、隠修士的生活という強力ではあるが不確かな生活態度は、それを固定し、よりバランスがとれた豊かなものとする一つの制度を生み出した。それがパコミオス*の共住修道生活（三二〇年以後）である。ところで砂漠への逃避が共同生活に変ったという重要かつ有益な変化を伝えるテクストを見てみると、そこでもまた、使徒的生活を記述した文献の影響が見て取れる(15)。

の許を訪れる者たちの霊的指南に尽力し、これが後のキリスト教修道生活の礎となった。

＊**パコミオス**　二九〇頃—三四六　エジプトの共住修道院の創立者、聖人。三一四年頃、軍務に服している間にキリスト教と出会い改宗、隠修士となる。のちにテーベ一帯にタベンニシをはじめとする七つの男子修道院と二つの女子修道院を設立、アントニオスの共同隠修制を発展させ、経済的にも強固な修道院組織を形成した。同時代人による六つのパコミウス伝の他、二人の偉大な後継者、オルシシオスとテオドロスにより、その教えや書簡が伝えられている。

コプト語で書かれた聖パコミオスのもっとも古い生活の記録では、「信者について『使徒言行録』に書かれてあることにしたがって」完璧な共同体を刷新するという明らかな意図は、その創設者に由来しているとされている。[16] 聖パコミオスの輔佐であり後継者のオルシシウス*は、一般に彼の遺言といわれる書物を通して、同様の意思を表明している。[17] 聖パコミオスの直弟子で、第二の後継者であるタベンニシのテオドロス**は、聖アントニオスにその師の死を告げたところ、聖パコミオスの共住修道制度は自分の制度より格段優れ、共住修道士の集団こそは本当に「使徒の道」を実現するものだ、自分もそれほど年をとっていなければこの「使徒の道」をたどったであろう、と言うのを聞いたとも主張している。[18] それゆえタベンニシのテオドロスは次のように告げる。「この世に聖なるコイノーニア***があらわれたのは、神の特別なお計らいによるものだ。神はそれによって、主の前で永久に使徒に似ていたいと望んでいる人々に、使徒の生活を知らせた。実際、使徒たちはすべてを放棄し、心からキリストについていった……。その後、使徒たちは栄えある十二の玉座

***オルシシオス**　三八〇頃没
タベンニシの修道院長、聖人。オルシエオス、ホルシエシなどとも表記される。パコミオスの弟子で、師の死後タベンニシの修道院長を引き継いだ。師の理念を受け継ぎつつ発展させた『修道院教則』などの著作が伝えられ、またアタナシオス宛ての書簡も遺されている。

****テオドロス**（タベンニシの）
三六八没　パコミオスの弟子で、三五〇年頃、オルシシオスからタベンニシの修道院長を引き継いだ。やはり師の教えを伝える著作を遺している。

*****コイノーニア**（*Koinonia*）「兄弟的な交わり」の意。イエスを通して啓示された真の神と信者との関係、および信者相互の関係をあらわす。

に座り、イスラエルの十二の部族を裁くようになった」。[19]

たしかに、使徒の教会と共住修道生活の関係は、おそらく今や紋切り型となっている表現「使徒的生活」の生みの親であるタベンニシのテオドロスによって、より明確に、またより豊かに述べられている。[20]師の予感を定式や理論として規定するのは弟子の役目ではないだろうか？　しかし、そうすることでテオドロスは、聖パコミオスの位置を基本的に変えてはいない。それを示すには、歴史家とともに、[21]創設者パコミオスの仕事の中で、聖書からの直接的啓示が占めているきわめて重要な役割、あるいはマルセイユのゲンナディウス*が言う「使徒の恩寵」について指摘すればよい。[22]と同時に、この共住修道制度の創設された時期、初期キリスト教徒たちは、使徒たちにしたがって、ローマやアンティオキア同様エジプトにおいても、エルサレムと同様の聖なる共同生活を送っていたという考えがエウセビオスによって広められていたことを思い起こせば十分だろう。このように、使徒の模倣のテーマは、もはや聖アントニオスや初期の隠修士の時代のように、単に富の放棄と俗世からの逃亡というセンセーショナルな行為を指すばかりではなく、完全な生活、共同

＊ゲンナディウス（マルセイユの）

五〇〇年頃没　マルセイユの司祭。ヒエロニュムスの『著名人について』（二三頁参照）と同名の書を著し、東方教会も含めその後の時代を補った。その他、救済予定説、キリスト単性説、ネストリウス派を論じる書が伝えられている。

生活のための完全なプログラムを意味していたのである。

以上が、教会における「完全な生活をめざす運動」の根幹を成す、もともとの使徒的理想だった。初代教会から修道制にいたる過程に、事実上のつながり、歴史的連続性がなかったとしても一向にかまわない。「使徒言行録」の要約が初代教会の生活形態を過度に図式化し、注釈学が少しその記述にとらわれすぎて、結果的に歪曲することになっていたとしても少しもかまわない。今私たちにとって大事なのは、聖書に関するこの図式が、各世紀においてどのような形で理解され、共住修道生活から始まり、さらには「完全な生活」にいたる歴史にどのような影響を与えたかということである。この点でカッシアヌスは部分的に正当化されうる。彼が誤りを犯したこと、そして歴史的事実に関する見通しを混乱させたことにかわりはない。しかし、彼は歴史のことなど考えていただろうか。彼の目的は、当時修道院に広まっていた理想と、「使徒言行録」のテクストに垣間見られる形でかつてエルサレムの使徒の教会を支配していた理想との精神的つながりを明確化することだった。そうした観点から見れば、彼は間違ってはいない。

修道院運動と使徒たち、最初の修道士たち、および掟の偉大な創始者たちとの関係をあらわすために使われたいくつかの表現はきわめて特徴的である。[23] 使徒たちには、「修道生活の始祖」「創設者」「先覚者」つまり「起源を成すもの」という肩書が与えられた。修道生活に真実かつ本来的キリスト教徒の生活の刻印を与えたからである。また、「模範的な創設者」という肩書も与えられた。修道生活のあり方とその基本的な制度を最初に教え実践したからである。隠修士聖パウロス*と聖アントニオスには、「創案者」の名が与えられた。修道生活を作り上げたからである。彼らはまた「保存者」とも言われた。修道院制度を維持することで、使徒の教会の生活が持っていた精神が地上から完全に消滅することを防いだからだ。伝統的な戒律の始祖である聖ベネディクトゥス、聖アウグスティヌスは修道生活の「特別な師」と呼ばれた。

＊**パウロス（テーベの）** 三四二頃没 伝承上の最初の隠修士、聖人。聖ヒエロニュムスの『パウロス伝』によれば、デキウス帝の迫害を逃れてテーバイドの砂漠に向かい、それ以降は、一度聖アントニオスの来訪を受けた以外は誰とも会わず、禁欲と観想の生活を続けたという。

三　修道士の使徒的規律遵守

修道院運動がもともと「使徒の」影響によって生まれたという大枠が明らかになった今、より細かな点を論じる必要があるだろう。すなわち、修道生活を導いていった人々が、修道院の長い歴史の過程で、使徒の生活の中に、どのような態度、実践、制度の模範を見いだしてきたのか述べねばならないわけだ。

まずは修道誓願があげられる。というのも、修道士たちは、福音書を読んで、自分たちの修道誓願、すなわち修道士の契約は、使徒たちの契約によって予告されていると思っていたからである。彼らは、いつその契約がなされたのかもはっきりと特定していた。聖パウロが主に対して行なったあの有名な呼びかけの時である。「このとおり、わたしたちは何もかも捨ててあなたに従って参りました」（「マタイによる福音書」一九：二七）。[24]この瞬間、聖パウロは、すべての使徒たちの名において、修道誓願を立てたのである。これは修道士たちばかりでなく、一般に認められていた考えであった。さらに彼はこう付け加えた。「では、わたしたちは何をいただけるのでしょうか」。少々私欲が見えはするが、明確な修道誓願である。さまざまな修道院関係の文献の中で、この行為は「使徒の修道誓願」と呼び習わされている。こうしたわけで、後に聖ベルナルドゥスは、修道誓願を、いやむしろ「世俗の放棄」と呼ばれていた前修道誓願を、躊躇せず使徒的修道誓願（*apostolica professio*）と名付けることになる。[25]

修道士たちはまた、使徒たちは修練方法の模範も残したと考えている。修練士たちの師はもちろん我らが主である。セルのペトルス*による次のような素晴らしい断章をお読みいただきたい。

十二人の使徒と七十二人の弟子からなる信者たちに、イエスは修道

＊ペトルス（セルの）

一一一五頃―一一八三

ベネディクト会修道士、司教、霊性著作家。一一四五年頃から六二年までトロワ近郊のモンティエ・ラ・セルの修道院長、六二年から八一年までランスのサン・レミ修道院長として活躍、その後没年までシャルトルの司教を務める。行政的手腕とともにラテン語の名文家としても名高く、多数の書簡・説教・小冊子などが遺されている。

生活の規律を教えていた。彼らの主に対する尊敬の念、服従の気持ちはきわめて大きく、またお互いの兄弟愛も非常に強かったので、彼らの中でだれが一番偉いかで論争になったり、彼らの中の一人がイエスの右に、もう一人がイエスの左に座りたいと言ったことで憤慨した時を除けば、彼らの間に憤懣のざわめきが立ち上ることはなかった。ところで、まだ十分に聖霊の火の通っていなかったこのような壊れやすい壺の中で、人間の弱さが犯していたことは、すべて陶工の手によってたちまち直されていた……。彼らはけっしてイエスから離れたがらず、イエスがユダヤ王国にいくと告げ去られた時、トマスは弟子に言った。「さあ、私たちも一緒にいきましょう。そしてイエスとともに死にましょう」[26]。

使徒たちの生活がそうであったように修道士たちの生活もまた、あらゆるキリスト教的生活の原則であり目標である愛徳の生活を完璧に実践することを目標としている。イエスが「使徒の生活」――「本源に遡って」よりよく生きる可能性――によって実現していたのはそうした目標である。この点に関しては、聖ベルナルドゥスに耳を傾けなければならない。「あなた方の生活は、使徒の生活を教会にあらしめるものなのです。それはどういうことでしょう」と聖ベルナルドゥスは修道士たちに尋ねた。

使徒たちはすべてを捨て、主のもとに集まり、主の学校で生活をしました。使徒たちは、主の泉から喜びの水を汲み、そしてまさにその泉から命の水を飲んだのです。主を直接見た人々は、なんと幸せだったことでしょう。ところであなた方は、たしかに、もはや主を直接見ることはありません。あなた方は、主の身体が不在のところで生きています。そして主の口からではなく、主の使者の口から言葉を汲み取っています。しかし、それでも結局あなた方は、使徒たちと同じことをしているのではないでしょうか。使徒たちが主を直接見、直接聞いた言葉を信じたのに対して、あなた方は主の使者を通じて聞き、その教えを信じました。それは一つの特権です。そのまま粘り強く続けなさい。使徒たちが、飢え、渇き、寒さ、半裸の生活、苦行、断食、徹夜その他の規律において、正義の王道を守ってきたのですから、あなた方も、使徒たちと功績を競うのではなく、使徒たちと同じ規律を遵守することによって、彼らに匹敵するように努めなさい。(27)

使徒たちは修道士たちに、聖霊降臨の大祝日に受け取った「使徒の熱烈な信仰心」によって強く鼓舞された高揚した精神の中で生きる、という生活の模範を与えた。それによって使徒たちは、彼らに恩寵を受け取り、それを広く伝播させる秘密を伝えたのである。「使徒言行録」は共同生活に言及したすぐ後で、次のように付け加えている。「使徒たちは、大いなる力をもって主イエスの復活を証《あか》しし、皆、人々から非常に好意を持たれていた」(「使徒言行録」四：三三)。それは奇跡まで生み出す恩寵であった。「すべての人に恐れが生じた。使徒たちによって多くの不思議な業《わざ》としるしが行われていたのである」(同、二：四三)。それゆえ、共同体の中で暮らしている真の修道士は、聖性を伝播させ、教会を広めるために、並外れた恩寵を得ている。そうした者は奇跡を起こす力さえ手に入れられるのである。カッシアヌスがアブラハム大修道院長について語り、[28] マルセイユのゲンナディウスが聖パコミオスについて、[29] 聖グレゴリウス*が聖ベネディクトゥスについて語った[30]時のように、偉大な修道士たち、あるいは聖なる創始者たちの生涯を物語るにあたって、人は、彼らはその生活が聖なるがゆえ、使徒たちと同様に奇跡を行なう力を受け取っていたと好んで強調していた。

修道士たちはまた、使徒たちから共同祈禱という模範を受け取った。「そして、毎日、ひたすら心を一つにして神殿に参っていた」（同、二：四六）。修道士の聖務日課の起源はここにあるのではないだろうか。使徒の生活と共同生活の様式を受けついだ教会では、決った時間に共同朗唱を行なうことが習慣となり、それが今日の教会の公式祈禱となっている。使徒たちは、あたかもそれが自分たちの務めの主要部分であるかのように、それに執着していたのである。また、彼らは、「祈りと御言葉の奉仕に専念することができるように」（同、六：四）助祭を置いた。修道士たちは、使徒たちと同じように、「絶えず祈らねばなりません」

＊**グレゴリウス**　五四〇頃—六〇四
ローマ教皇（在位五九〇—六〇四）、聖人。「大グレゴリウス」（**Gregorius Magnus**）とも呼ばれる。教皇選出後は周辺諸民族への宣教活動を積極的に推進、なかでも五九六年、（カンタベリーの）アウグスティヌスと四十人の修道士をブリタニアに派遣（六八頁参照）、同地のキリスト教化に端緒をひらいたことは特筆に値する。八五四通に及ぶ書簡や数多くの説教をはじめとして著述活動も活発で、修道生活と奇跡信仰を説いた『対話』は、聖ベネディクトゥスの人となりを見事に捉えている。

（「ルカによる福音書」一八：一／「テサロニケの信徒への手紙一」五：一七）という主の教えを実現するため、規則的に祈禱を行なうことになる。それが修道院の荘厳な祈禱の起源である。

それにまた修道士たちは、使徒の生活のように、すべての物を共有化する兄弟愛に満ちた完璧な共同体生活を送ることに執着した。それは、身体的生活の面では、共に食事をとり、共に眠ること、精神生活では、祈りと聖なる読書を行なうこと、実践的活動は、体を使った労働と隣人への奉仕、精神的努力は、兄弟愛による悪徳の矯正――ここから、福音への道に従いつつ、罪の告白がその中でもっとも豊かなものの一つであるような一連の制度が生まれる――からなっている。要するに、全体を支配するのは、「彼らは一つの心と一つの魂で結ばれていた」という兄弟的感情の共同体であった。こうした一体性――福音史家聖ヨハネによれば、兄弟愛を表す世俗的言葉――こそ修道生活の目的である。それ以外は手段にすぎない。ところで、修道士たちの精神や制度についての文献の中で一体性について論じられている記述には、「使徒言行録」から

＊ヨアンネス・クリュソストモス
三四七頃―四〇七
四世紀を代表するギリシア教父で、コンスタンティノポリスの総主教、聖人。早くから修道生活を志し、パコミオスの戒律に従って隠修士としての修行を積んだのち聖職に就き、三九六年から四〇三年までコンスタンティノポリスの総主教を務めた。説教の巧みさから「黄金の口」（クリュソストモス）と呼ばれ、聖書註解を中心に数多くの著作がある。

の直接の反映がある。

修道士共同体の内部に行き渡っている愛徳が、救済の宣教によって、外部にも広がり始めれば、それもやはり「使徒言行録」を反映するものの一つではないだろうか。もし、修道士は宣教活動を行なうべきではないという東方的伝統――西方では聖ヒエロニュムスが折りに触れて擁護していた考え[31]――が修道制の中に存在するのが事実としても、聖ヨアンネス・クリュソストモス、*[32]古くはシリアの修道士たちや、西方でもレランスの修道院**[33]が証人となっている、修道士たちを断固として異教徒教化に赴かせるというもう一つの伝統も存在する。というのも、「使徒的世界観――すなわち完全なる自己放棄の人生――への真摯な愛に鼓舞された人間」ほど救済の宣教に向いている者はいないからである[34]。このクリュソストモスの言葉は弟子の聖ニーロス***（四三〇年没）によってうまく注釈されている。「宣教を行なわない生活は、［教えの内容と一致している］生活を伴わない宣教より有益である。しかし生活と宣教が一つに結びつくと、それは使徒的世界観を完全に表象するイメージとなる!」[35]。この

**レランス修道院
五世紀における西方最大の修道院。五世紀初めにアルルのホノラトゥスによって、カンヌの沖合に浮かぶレランス島に創設された。その生活様式はガリアの新設修道院の範となり、また修道士たちを司教としてガリア各地に組織的・持続的に送りこむなど、一種の霊的センターとして当時の聖界に多大な影響を及ぼした。現在は寛律シトー会修道院の管理下に置かれている。

***ニーロス　四三〇頃没
アンキュラの修道士、聖人。コンスタンティノポリスでヨアンネス・クリュソストモスの教えを受けたのち、アンキュラ近郊に修道院を設立、院長を務めた。修道士のために多くの道徳的、禁欲生活を勧める著作を書いている。

段階になると、明らかに、使徒の模倣における「救済の宣教」という言葉が重要な意味を持ってあらわれてくることになる。これは、今日ではきわめて重要な観念となっており、現代語において「使徒的」(apostolique)という形容詞がつけば、「救済の宣教」を意味するほどである。[36] しかし教会の最初の十二世紀の間は、そんな意味では使われなかったし、そうした古い伝統と同様、聖ヨアンネス・クリュソストモスにとっても、[37]「使徒的」という言葉はまだ使徒たちや、初代教会において使徒に教育された信者たち、さらにそういう完全なキリスト教徒たちが遵守した生活の規律を指す言葉でしかなかったことは確かである。

そして、修道士たちが共同生活の根本的条件を使徒的清貧——共同体全体としては、財産を所有していたので、生活手段が全くないということではなく、個人財産の「非所有化」という意味——としたのは、これまたエルサレム教会の記述に依拠している。修道士たちの目には、「非所有化」によって使徒の規範が完成されるのである。十一世紀のニーム教会会議(一〇九六年)の定義によれば、「というのも修道士たちは、使徒の規範によって生活を送り、「使徒言行録」に書かれたことにしたがって共同生活を実践することで、使徒の足跡を追っているからだ。彼らは一つの心と一つの魂で結ばれており、その財産は共有されていた」[38]。

また修道士たちは、使徒の模範から自己放棄と苦行という理想を受け取っていた。使徒たちが、イエスの呼び声にこたえてすべてを放棄したのと同様に、修道士もすべてを捨てさる（そして、ある修道士が書き残しているところによれば、修道士は、自分が捨てさるものすべてを親類にではなく、貧しい人々に与えていたという。これは修道生活に入る目的は、家族に遺産を残すことだという主張への効果的反論であろう）。彼らは「さあ、私たちはすべてを捨て、あなたについてきました」という使徒たちの例に倣って服従した[39]。彼らはまた、苦行[40]、そして断食さえも受けついだ。これは驚くべきことである。こうした修道士の伝統は、使徒の生活に確たる足場を持っていないのではあるまいか。もっともたしかに、ヘゲシッポス*の言によれば[41]、聖ヤコブはかなり激しい断食を行なっていたし、聖パウロは自ら行なった数多くの断食について話し[42]、イエスも、自分の死後、使徒が断食することになると予想していた[43]。また、

＊ヘゲシッポス（ヘーゲーシッポス）
一八〇頃没
ユダヤ人キリスト教徒で教会史家。使徒たちの同時代人として初代教会史に関する著作を遺したとされるが、原本・写本ともに散佚。エウセビオス『教会史』に見える引用と言及によって断片的に知られるのみである。

修道士たちは、そうした文献に加えて、多かれ少なかれ典拠の疑わしい多くの言い伝え[44]——たとえば、テラペウタイ派がやっていたように、初代教会では三日のうち二日、六日のうち五日に渡る非常に厳しい断食を行なっていたという、フィロンとエウセビオスが伝え、当時一般に広まっていた確信——を根拠として、苦行に励んだのである。

ここであらためて、服装について、いくつかの特徴を指摘する必要があるだろうか[45]。「聖マルコによる福音書」が伝えている、イエスが使徒たちに指示したという裸足で歩くことは、少なくとも東方においては、いくばくかの修道士たちによって守られていた。また聖パウロが要求した質素な上着——ローマ人のゆったりした衣服ではなく腰のところで絞ったチュニカ（トゥニチュラ）——は、イエスが使徒たちに手本として提案した、即座に師に仕えられるよう腰に荒布を巻きつけただけの忠実な奉仕者の衣服に似ていた。修道士は、どんなつまらないことでも使徒の規範を守っていると考えることに喜びを感じていたので、修道服に「使徒の服」という名前をつけたのも[46]もっともなことである。

＊手仕事（手の労働）
霊的活動（聖務日課）や知的活動（読書・観想）と並んで、修道士の果たすべき義務とされる労働のこ

それよりはるかに重要なのは、さきほど一言触れた手仕事*である。修道士たちにとって、手仕事をする使徒の例は聖パウロだけではなかった。それ以外にも何人かの使徒たちが漁師であった。彼らはキリスト復活後、網を持つ生活に戻ったではないか。それゆえ、私たちには『聖ベネディクトゥス戒律』の次の言葉が理解される。「我らの教父たちや使徒たちのように、自らの手の労働によって生活してこそ真の修道士だからである」(47)。この主張は、「あらゆる使徒は肉体労働に打ち込む」(48)と言明する聖イシドルス**の言葉によって、より明確となっている。

最後に、修道士たちは、使徒の「信仰告白」へのイエスの答えから、自分たちも「使徒の希望」を共有しているとの自覚を持っていた。この希望には、二つの面があった。その一つは、教会を拡大するという希望である。イエスは、無私無欲の使徒的生活を実践する使徒たちの人格それ自体が、継続的に教会を大きくするための恩寵の源泉になると確言していた。それで修道士たちは、使徒の規範を遵守することが、新たなキ

とで、とりわけベネディクト会で重視された。ただし「祈りかつ働け」というよく知られた標語は、一八八〇年に刊行された書物の中で初めて用いられたものであることを指摘しておきたい。すなわちボイロンの総院長マウルス・ウォルターによる『修道会の主原則』(*Praecipua Ordinis monastici Elementa*)に次のようにある。「祈りかつ働け！　聖務と労務、これぞマリアとマルタにおいて描かれた主にお仕えする二つの大義、あるいはいと高き完成へと昇る双翼である」。

**イシドルス（セビーリャの）　五六〇頃―六三六
セビーリャの司教、神学者、聖人。大グレゴリウスに協力して西ゴート族の教化に尽力、該博な百科全書的知識の宝庫たる『語源考』のほか、教義上の手引書や典礼書など数々の著作があり、その多くが中世を通じて頻繁に利用された。

リスト教徒を生み出すための言葉に貢献することになるとの確信を抱いた。「キリスト教徒たれ」との言葉自体、使徒の規範を遵守する生活を勧めるものだからである。

そして神からは、百倍の功徳が下されるという希望を持っていた。カッシアヌスが、砂漠の教父たちとの有名な対談を、現世において完全に自己放棄する者に約束された百倍の功徳についての章で終らせていることはよく知られている。(49) セルのペトルスは、約束はむしろ来世において果たされると考える方を好み、こう語る。「使徒たちのかつての姿であるこれら修道士について何が言えるのだろうか。死すべき人の姿をとって、天使より劣っている者に身を落としていた人に仕えていた〔「ヘブライ人への手紙」二：九〕という違いを除けば、使徒たちは天使と比較しうるだろう。そして聖パウロが言うように、その人が父なる神に栄光と栄誉で飾られ、能天使や権天使より高位に据えられ、玉座を占める時、使徒たちもまた十二の玉座につき、イスラエルの十二部族および天使さえも裁くことになるだろう〔「コリントの信徒への手紙一」六：三〕。こうした希望は修道院の人々の心の中にもあった。彼らの規範が使徒たちのそれと類似したものである以上、彼らはイエス・キリストから使徒たちと同じ約束を受け取っていることになるからである」(50)。

したがって、他と同様この点においても、修道士は自分たちの生きる拠り所のすべてを使徒の模倣においていた。十二世紀半ば、ベネディクト会の編年史家が「使徒言行録」の中の重要な対句節を次々と筆写し終わった後、興奮のあまり次のように叫んだ気持ちはよくわかる。

私たち修道士の戒律全体の中で、今書き終えたばかりの生活形態に欠けている要素があるだろうか。実際そこには、神の御言葉を聞くこと、聖体拝領、祈禱、共同生活がある。富の侮蔑、各人の必要に応じた富の分配、施しや聖務日課への専心、共に食事をとること、精神的法悦、質素が示されている。そこには、神への賛辞、恩寵行為、多数の者の魂の一体性と融和、家庭雑事からの解脱が絶えずあらわされている。要するに、教父たちが定めた規範や修道院の慣習として実践されていることのすべては、ことごとく、白日よりもは

っきりと「使徒言行録」の中に表明されているのだ。(51)

修道士たちが、聖なる書物によって細部にわたって描かれている使徒の生活のありさまを、頭と心の中で繰り返し反芻していたことは無駄ではなかった。いくたびかの注目すべき刷新を伴う修道院制度の歴史は、大部分はこの瞑想の結実、使徒たちの福音書から生まれた成果なのである。ところで、この瞑想は、また新たな形でとり上げられ、まったく異なる果実を生み出すことになる。

第*2*章

聖堂参事会員

LES CHANOINES

一　ウルバヌス二世から見た教会史

大多数のキリスト教徒たちや聖職者たちからさえ見捨てられていた初代教会における使徒の生活様式が、修道院の共同体の中でいかに維持されていたかを、カッシアヌスが彼なりに説明してから、ほぼ七世紀ほどたった一〇九二年一月二八日、教皇ウルバヌス二世*は、教会における完全な生活の歴史について、彼自身の考えを改革派の聖堂参事会員**に向けてこう書いている。

私たちは、あなた方が初代教会の聖なる教父たちのあの称賛に値する生活をよみがえらせようという決意を固めたことに対して、神に感謝している。聖なる教会は、その創立時に子孫のために二つの生活様式を制定した。その一つは、弱き者に対してその脆弱さに寛容

＊ウルバヌス二世　一〇四二頃—一〇九九　ローマ教皇（在位一〇八八—九九）、聖人。クリュニー修道院長を経て、グレゴリウス七世教皇の下で枢機卿となり、教会改革（グレゴリウス改革・叙任権闘争）に抜群の政治的手腕を発揮した。教皇就任後も、一〇九五年のクレルモン教会会議で、俗人による叙任を改めて禁止する一方、第一回十字軍の派遣を呼びかけ実現させるなど、めざましい成果を収めて教皇権の伸張に貢献した。

＊＊改革派の聖堂参事会員　十一世紀以降のグレゴリウス改革時代、既存の司教座聖堂参事会とは別に、教会改革を志す聖職者たちが特定の聖堂に集って会則を遵守しつつ共同生活を営む動きが活発化した。ここでいう「改革派の聖堂参事会員」とは、そうした人々を指す。詳細は原注2・3および本章第三節以下を参照。

な生活様式であり、もう一つは、強き者が、その幸せに満ちた生活を完璧にしようとするものである。前者は、セゴール*で卑小なまま暮らす生活であり、後者は山の頂上に登攀する生活である。(1) 言葉をかえれば、前者は日々犯す過ちを、涙と施しによってあがない、後者は、日々の熱烈な祈りによって、永遠の功徳を獲得するものである。前者の生活を送る者は劣った者であり、現世の富を使う。後者の生活を送る者は優れた者であり、現世の富を軽蔑し、それを捨てるのである。ところで、神の寵によって世俗から遠ざかる生活もまた、宗教上の意図はほぼ同じなのだが、聖堂参事会員の生活と修道士の生活という二つに分かれている。後者は、神の慈悲によって大きくなり、全世界に行き渡っている。一方前者は、信者の熱意がさめたため、ほとんどいたるところで衰微してしまった。しかし教皇・殉教者ウルバヌス一世**が制度化し、アウグスティヌスがその規則を作り、ヒエロニュムスが書簡によって形成し、聖グレゴリウスがカンタベリー司教アウグスティヌス***に建立するように指示したのは、前者の方なのである。したがって修道士たちが、主の御心の下

***セゴール**
新共同訳ではツォアル。死海のそばの町。ソドムの滅亡に際して、主は義人ロトにはじめ山に逃げるように命じるが、ロトの願いを容れてこの町を避難場所として認める。原註1も参照。

****ウルバヌス一世**
第十七代教皇（在位二二〇―二三〇）、聖人。皇帝アレクサンデル・セウェルス治下で迫害・殉教したとの伝説があり、聖人として広く崇敬を集めたが、その生涯については未詳。殉教伝説についても信憑性は乏しいとされる。

*****アウグスティヌス（カンタベリーの）**
六〇四年没。初代カンタベリの大司教、聖人。ローマの聖アンドレアス修道院長であったが、教皇グレゴリウス一世の命によりアングロ・サクソン人の教化のために四十人の修道士と共にブリタニアに上陸（五九六年）、ケント国王エセ

で粘り強く最高の状態でその戒律を遵守することと比べて、聖堂参事会員として、主の御心の絶えざる影響および刺激のもとに、そうした初代教会の生活を蘇らせることは、価値がないなどと考えてはならない」[2]。

こうした見方は大いなる成功をもって迎えられた。そのため、ウルバヌス二世とその後継者たちは、この後、改革運動に従事している聖堂参事会員たちへの手紙の中で、幾度もこの表現を用いる[3]。そして最後には、聖堂参事会員改革文献中の貴重な記述として、あらゆるコンテクストから切り離され、独立して流布することになる[4]。それにまた、ウルバヌス二世の記述に言及されている事柄――教皇ウルバヌス一世が主張した司教座聖堂参事会の設立の記録[5]、聖職者の生活習慣に関して聖アウグスティヌスが作った規則と行った説教[6]、聖ヒエロニュムスの書簡[7]、聖グレゴリウスのカンタベリー司教アウグスティヌスへの手紙[8]――なども同様に改革派聖職者の文献に数えられる。ルッカのアンセルムス*によってその教令集第七巻に収められ、シャルトルのイヴォ**、オネスティスのピエ

ルベルトの改宗などの成果をあげ、翌年にはカンタベリーに司教座を設置、また王の援助の下に修道院を建立した（のちの聖アウグスティヌス修道院）。

***アンセルムス（ルッカの）**　一〇三六頃―八六　ルッカの司教、聖人。叔父にあたる教皇アレクサンデル二世（在位一〇六一―七三）と、その後を継いだグレゴリウス七世の下で教会改革に尽力、とりわけ教会の権利や制度などを論じた著作や文献の編纂によって改革や叙任権闘争に際しての有力な典拠を提供した。

****イヴォ（シャルトルの）**　一〇四〇頃―一一一五　シャルトルの司教、教会法学者。一〇七五年よりボーヴェのサン＝カンタン聖堂参事会長を務め、一〇九〇年よ

ール、サン＝リュフのリテール、ライヒャスベルクのゲルホによって広められた結果、それらは聖職者たちの共同生活に関する法規となり、今なお読むことができる『グラティアヌス教令集』十二にまとめられた。(9)

もちろん、カッシアヌスの報告書がそうであったように、中世のこの種の多くの陳述書と同様、この見方に弱点がないわけではない。しかしだからといって、この記述が重要であることにかわりはない。この記述は、たえず善意の聖職者の眼前にさらされながら、「そのような聖職者たちは、教会における完徳への運動の流れ、および彼らが教会の中で保持し、あるいは保持しなければならない位置によって形成された」という考えをあらわしている。あらゆる歴史神話と同様、こうした見方は、その真偽はともかく、後の事実に強い影響を与えた。さらに、聖堂参事会という制度は、使徒たちの初代教会から直接生まれたものだと主張している以上、この記述は、私たちの試論にとって特別の意味を持っている。修道士たちに関する使徒の模倣のテーマは、すでに検討した。聖堂参事会員たちに対して、それはどのような価値を持っているだろうか。

りシャルトルの司教となる。当時の教会法の第一人者。なお以下に名の挙がっている三者も、いわゆるグレゴリウス改革以降に成立した聖堂参事会（律修参事会、本章第三節以下を参照）で指導的役割を果たした人々である。すなわち**ピエール**（オネステスの、一一一八頃没）はラヴェンナのサンタ・マリア・イン・ポルト（港の聖母マリア）律修参事会、**リテール**（サン＝リュフの）はアヴィニョンのサン＝リュフ（聖ルフス）律修参事会、**ゲルホ**（ライヒャスベルクの、一〇九三—一一六九）は、バイエルンのロッテンブーフ律修参事会と関わりが深かった。

答えは単純ではありえない。それに答えるためには、使徒の模倣というテーマの観点にたって、聖堂参事会制度の起源から、中世中期の諸改革をへて、十一世紀および十二世紀の最後の局面にいたるまで、順を追って検討しなければなるまい。

二　聖堂参事会員の起源は使徒に由来するものではない

聖堂参事会制度の始まりは、修道制のそれよりもさらに歴史の闇の中に隠れている。その設立時期は定かでなく、資料はあまりない。また、多くの歴史家がそれに興味を持ち始めてから、まだわずか三十年程しかたっていない。そのため、今のところ次のように推測するしかないだろう。(10)

「聖堂参事会員」（chanoine）という言葉は、六世紀の五三五年頃にあらわれ、教会聖職者について話されることが多かった七世紀に、頻繁に見られるようになる。当時この語は、後の人が思うような「教会法典に忠実な、教会法典にかなった聖職者」(*clerici canonici*) という意味ではなく、「教会法典に登録された聖職者、教会の聖職者リストに載っている聖職者」を意味していたようである。もっとも、この二つの意味は相互に相入れないものではない。実際そこから、(司教座) 聖堂参事会員の本来の意味——教会法典に合致した聖職者であり、彼らが取り巻く司教と特別の結びつきがある聖職者——が明らかになるように思われる。

この当時、司教のまわりにいて、教会、礼拝堂および大聖堂の典礼に参加していた教会構成員は数も多く、多彩であった。すなわち、司祭長の権限によって司祭に随行していた人々、司教代理とともに司教区の行政と慈善奉仕に従事していた助祭たち、下位の聖職者たちをしたがえた上位聖職者たち、司教座聖堂参事会長に監督されていた聖歌隊、それに読師、祓魔師、侍祭*といった下級聖職者たち、教会のまわりで生活し、典礼生活にたいへん貢献していた苦行者たち、さらに、信心家たちや、多少なりとも居所が定まっていた巡礼者たち、そして最後に、司教が監督していた本来の意味での修道士たちなどがいた。修道士も聖職者に加

*侍祭
侍者ミサ聖祭で司祭に仕える青少年男子。

えられるほど、広い範囲の人々からなっていたこの教会構成員たちは、六世紀末から七世紀初頭にかけて、経済上ならびに宗教上の動機によって、大聖堂のそばに集まり、共同体をなしていた。(11)

八世紀の半ば、メッスの司教クロデガング*によって、聖堂参事会運動における決定的な一歩が踏み出された。すなわち、「すべての教会聖職者は、司教の手から、典礼生活を送るための会則を授けられる」。七五一年と七五五年の間に発表されたこの有名なクロデガングによる会則こそ、初めて本当の意味で「聖堂参事会員に関する」規定といえるものであった。また、『聖ベネディクトゥス戒律』の影響が大きくなり、修道士たちの共同生活が普及してきたため、それに明確な形式を与えるべきだという意識も聖職者たちの間にあらわれてきた。教会の構成員が区別され始めたのである。規則は分化し、教会構成員は混同されなくなる。さまざまの共同体がそれぞれ専門化し、相互の区別が明らかとなる。

こうしてカロリング時代の大運動が始まる。シャルルマーニュ**は、ヨーロッパにおいてばらばらだったさまざまの宗教制度を統合するという

*クロデガング（メッスの）　七一五頃―七六六　メッスの司教、聖人。フランク人貴族の出で、シャルル・マルテルの宮廷で要職を務めたのち、七四二年にペパン短軀王によりメッス司教に任ぜられ、以後はボニファティウスの後継者として王国の教会改革を推進した。七四八年にはメッス近郊にゴルツェ修道院を創設している。彼の筆になる「司教座聖堂参事会会則」については、本書の付録（一七一頁以下）を参照。

**シャルルマーニュ（カール大帝）　七四二―八一四　カロリング朝最盛期のフランク国王（在位七六八―八一四）。ペパン短軀王の子。遠征と征服に明け暮れ、北海から地中海、エルベ川からピレネー山脈に及ぶ一大版図を築いた。内政に関しては父ペパン以来の方針に沿って教会との関係を重視、大司教を頂点とする教会組織を整備し、

仕事を実現し、その成果は今日もなお残っている。そして八一六年、大帝の死後、ルイ敬虔王*は父親の理念を具体化して、新たな会則、アーヘン（エックス＝ラ＝シャペル）司教座聖堂参事会会則（*Regula canonicorum*）を発表する。この会則を彼は、巡察使を派遣し、かなりの強権を持って適用させた。そのため九世紀になると、聖職や聖務日課に励んでいる真の司教座聖堂参事会員に占められた大聖堂や教会が数多く見られることになる。これらの司教座聖堂参事会員の制度や美徳は、メッスやアーヘンの会則から生まれたものだが、それらを媒介として、修道制からも深い影響を受けている。修道院の規律の遵守という伝統は安定してゆく。司教座聖堂参事会員共同体が、きわめて多様であるがゆえに、アーヘンの会則は、それらに私有物の徹底的な放棄や宗教的誓いを課してはいないが、共同生活の豊かさと服従(12)の厳格さは推進しようと努めている。

その結果、フランス、ロレーヌ、ドイツに、真に模範的な聖職者があらわれる。彼らは共同生活を送り、修道院風の共同食堂、ただ一つの共同寝室を持ち、ヒルデスハイム**のような所などでは、司教座聖堂参事会内部で、もっとも禁欲的な修道士たちの生活を連想させるほど厳格な戒

キリスト教理念を中軸に据えた支配体制を確立した。八〇〇年に教皇レオ三世よりローマ皇帝の冠を授けられている。

***ルイ（ルートヴィヒ）敬虔王** 七七八―八四〇 フランク国王・皇帝（在位八一四―八四〇）。シャルルマーニュの第三子で、大帝の死後王国を継承。政治的には相続争いから度々内乱を招くなど多難で、王国分裂の火種を遺すことにもなったが、教会改革を推進し、学芸の保護によりカロリング・ルネサンスの興隆を支えるなど、文化面での功績は少なくない。

****ヒルデスハイム** 八一五年にルイ敬虔王により司教

律遵守の生活を実践している。

それについては、『ヒルデスハイム教会創設』(13)（*Fundatio Ecclesiae Hildensemensis*）の次の描写をお読みいただきたい。

司教座聖堂参事会［八五二年以降のヒルデスハイムでのことだが］において、聖職者たちは、厳格さにおいてはきわめて宗教的に、宗教においてはきわめて厳格に、神への奉仕に身を捧げたので、司教座聖堂参事会員の生活は、修道士たちの生活と同様な峻厳さに達していた。何らかの避けられない用があり、あらかじめ許可を得ていた場合を除いて、いかなる者も、聖歌隊席、食卓、寝室に来ない場合はもちろんのこと、ただ遅刻しただけでも、ひどく叱責された。学校の規律というくびきを逃れた人たちが、宿舎内でさらにきつい手綱に締めつけられていたのである。彼らは毎日、書き物の課業を首席司祭に見せて検査してもらわなければならなかったし、福音書講話、聖歌、詩篇とともに福音書を暗唱しなければならなかった。その結果、彼らは宿舎において、学校の厳しい笞の下にあるときよりもも

座が設置され、北ドイツにおけるキリスト教の布教センターとなった。また一〇―一一世紀にかけてのオットー朝時代には、文化の中心地ともなった。

っと注意深く身を処していた。彼らは手触りのよい衣服にはまったく関心がなく、今日の聖職者たちが大好きな口の快楽を知らなかった。彼らは上質の毛織物ではなく、粗悪で暗い色の布で肌を被っていた。また、しばしば聖務用のスルプリ*より旅行用のチュニカ（トゥニチュラ）を身にまとった。世間的なやさしさよりも粗野な簡潔さを好んだので、彼らは世俗的財産への夢を失い、司教座聖堂参事会によって与えられる物以上は得たいと思わなくなっていた。隠遁生活の厳格さの中に、内面的にも外面的にも、閉じ込められていたので、彼らは俗世間を否定していたわけではなく、ただ知らなかったのである。

この最後の特徴は、はっきりと司教座聖堂参事会員の独自な性格を示している。[14] カロリング王朝の司教座聖堂参事会員は、宣誓によって俗世間を棄てたのではなかった。彼らは俗世間の中に存在し、そこで行動する。彼らは聖職者であるから、「人々の魂の管理＝布教」をすることができるわけだ。にもかかわらず、彼らは宿舎の中に閉じこもって暮らし

*スルプリ（スペルペリチェウム）
膝まで届く麻の広袖の短衣。副助祭以下が祭式に奉仕するときに、また司祭もミサ聖祭以外の聖務の時に身につける。

ていた。この時代こそ神聖ローマ帝国における参事会教会*と大聖堂のもっとも輝かしい時期の一つである。これは教皇ウルバヌス二世のもとでも続く。

*「共住聖職者教会」ともいう。

このように歴史を要約してみると、教皇ウルバヌスによって粗描されていた歴史記述は、間違いだと断言できる。そうした誤謬は、カッシアヌスの記述に対して行なったとき以上に断固として指摘せねばならない。聖堂参事会制度の起源は、エルサレム教会に遡ることはない。初代教会にさえ遡らない。その理想が直接的に使徒的共同生活に端を発しているというのは、間違いである。たとえそれが、古くからある聖職者制度の一部が変化したものであると指摘できるとしても、それを使徒的共同体に結びつけることはできないだろう。初代教会の聖職者たちは、いくつかの例外を除けば、私的生活を送っていたのである。(15)

実際、聖堂参事会員とは、教会が、時代の変化に応じて推移する聖職者たちの要求や理想を考慮して、聖職者たちのために入念に作成した措置全体——教皇主宰の公会議と地域の教会会議の決定条文、教会の慣習、カロリング王朝時代の会則や教令集――によって、生み出されたものだった。それはまた、レビ人に関する聖書のテクスト、聖パウロの司教書簡に由来するテクスト、また数多くの教父のテクストからも着想をえていた。

「使徒言行録」の基本的諸テクストは、それらのテクストに入っていない。後で取り上げる一つの例外を除いて、初代教会の教父がまとめた「使徒の生活」の感動的ないくつかの記述も含まれてはいない。このことは、たとえばアーヘンの会則に先立つ、教父による聖書の大量の選集を見れば確かめられる。[16] この選集は、福音書に由来しているのは修道士だけではないことを示そうとして、六十六章に数多くの福音書のテクストを集めるにあたり、「行って、持っている物をすべて売り払い、貧しい人々に分けてやりなさい。そうすれば、天に富を積むことになる。それから、わたしに従いなさい」という使徒への呼びかけを引用するところから始めるが、すぐはっきりと次のように述べている。「しかしこの規則やこれと類似のものは修道士だけにしかふさわしくない。それらはまったく修道士に特有のものであり、独自であるがゆえに重要なのだ」。[17]

＊ペパン（ピピン）短軀王　七一四―七六八　カロリング朝初代のフランク国王（在位七五一―七六八）。宮宰として王国の実権を掌握したのち、教皇ザカリアスに正統性を承認され、国王となる。

司教座聖堂参事会員は、カロリング王朝時代に、徐々に共同生活をするようになったが、それは実際は初代教会に戻ろうとすることよりも、極端な貧困には至らないようにしつつ、多かれ少なかれ遠くから、修道士の厳格さを模倣しようとすることによってであった[18]。その意味で、ヒルデスハイムにおける司教座聖堂参事会員の共同生活の描写は、特徴的である。そこでは、使徒の生活はまったく参考にされていない。しかし、修道士の偉大さに達しようという意図は、はっきりと表明されている。そうすることで、司教座聖堂参事会員が、事実上修道士が実践する使徒的生活を模倣していたのは事実である。したがって、彼らは当時、間接的には使徒の影響を受けていたわけだ。いや、それ以上のことがある。

ペパン短軀王*の時代、聖ボニファティウス**によって始められたフランク王国の教会改革運動が激しかったとき、機会さえあれば、必ず使徒の教会という模範が思い出されるようになった。聖ボニファティウスが好んで協力者とした聖クロデガングの会則が、教会における使徒各々の祝日を指示する最初の文献であった***のは偶然ではない[19]。それればかりではない。会則がもっとも微妙な点——個人資産を放棄して、共同体に一挙に

即位にあたってはボニファティウスの手によって塗油を授けられた。宮宰時代からボニファティウスの布教と教会改革を援助し、また即位後は教皇を脅かすランゴバルドを撃ち、ラベンナ太守領を教皇に献じる（ペパンの寄進）など、王国と教会の結びつきの礎を築いた。

**ボニファティウス　六七二―七五四　ゲルマニアへの宣教に尽力した修道士、聖人。イングランドの修道士だったが、大陸への伝道を志し、七一八年にローマで教皇グレゴリウス二世から正式に宣教の任務を託されると、まずフリースラントで活動、また七二二年にはシャルル・マルテルの保護状を得て、以後フランク王国東部の宣教と、司教区の整備など王国内の教会改革を推進した。七五四年、フリースラントを巡回中に殉教。

***本書の「付録」、二二六頁以下を参照。

譲り、その用益権のみを持つようにするという司教座聖堂参事会員に課せられた義務――に取り組むとき、司教座聖堂参事会員たちに厳しいこの使徒の模倣を実践するよう求めるために、エルサレムの初代教会の一体性や清貧に関する、胸をしめつけられるような長い描写が用いられたのである。[20] さらに四分の三世紀後になると、初代教会の思い出が、カロリング王朝の教会指導者たちに、かつてないほど強くとりつくようになったのは明白である。

それは、修道院や教会が、キリストまたは使徒の直接の弟子のだれかにその起源を求めるために、巧妙さを競い合った時代、[21] パリ教会会議(八二九年)に召集された司教たちのスポークスマンのように思われるオルレアンのヨナス*が、ルイ敬虔王とその伯たちのために、その著書『王の教育について』(*De institutione Regia*)十一章(および『信徒の教育について』*De institutione laicali* 二十章)で、初期の使徒の生活を熱狂的に描写する時代、[22] また、「使徒言行録」やクロデガングの会則における清貧の指示を採りあげなかったアーヘン司教座聖堂参事会会則のプロローグが、補綴として、聖アウグスティヌス**が「使徒言行録」から直接着想

＊ヨナス(オルレアンの)
七八〇頃―八四二
オルレアンの司教、神学者。リヨンのアゴバルドゥス、ランスのエボと並んで、ルイ敬虔王の宮廷で重きをなし、王国教会の指導のみならず国政や宮廷内の政争にも関与した。

＊＊アウグスティヌス(ヒッポの)
三五四―四三〇
ヒッポの司教、古代末期最大のラ

を得て生まれた聖職者の共同生活を信者に説明するために行なった二つの説教——唯一のしかし大きな例外——を引用する時代である。(23)

そこでは、エルサレムの使徒たちは、もはやキリスト教徒の一般的模範としてではなく、司教区の聖職者たち、司教座聖堂参事会員たち特有の典型として引合いに出されている。おそらくこの二つの説教は、教父のテクストの山の中に埋没し、また司教座聖堂参事会員の半私的生活を初期キリスト教徒たちと同様に行われていた修道士の完全な資産放棄と対立させるという九世紀に確立していた習慣によって、その効果が弱められ、カロリング王朝の司教座聖堂参事会員に対して、その時まで教会全体においてアウグスティヌスの模範が持っていた影響力——つまり、ほとんどなきに等しいもの——程度しか、効果を及ぼすことはできなかったであろう。(24)

だがしかし、それらの説教は、来るべき日を待ちながら、そこにあった。それは、自らの改宗の日以来、使徒たちの共同生活に強く惹きつけられてきたヒッポの司教が、四世紀の終り頃、彼の傘下の聖職者たちすべてを修道院で使徒の模範にしたがって暮らさせることにし、成功した

テン教父。北アフリカの小村タガステの生まれ。九年間をマニ教徒として過ごしたのち、三八四年にミラノでのアンブロシウスとの出会いを契機に回心。三八七年に故郷に戻り、司祭に叙階されると、教会の敷地に修道院を建て、使徒的な共同生活を営みつつ数多くの著作を生み出した。また三九六年にヒッポの司教に任ぜられて以降は、司祭たちとともに共同生活を営んだ。

ことを思い出させる。アウグスティヌスの強大な権威の助けがあれば、これらの萌芽は再び花を咲かせることができるのではないだろうか。そして、早くも九世紀半ばには、実際に花開いている。その証拠もある。八四五年と八五七年の間にランス地方で、『偽教皇勅令集』の作者たちは、彼らの善意の教会構想を支援するため、初期教皇の手紙を偽造し、その一部が、十一世紀そして十二世紀の教令集に伝わることになった。次にその一部を紹介しよう。

［ローマ］司教クレメンス*より、［エルサレムの］同僚の司教であり、わが親愛なる兄弟［小］ヤコブと共に住む、非常に愛されている兄弟および同窓の皆さんへ。共同生活は、信者の皆さんにとって不可欠のものです。特に、非のうちどころなく神に仕え、使徒やその弟子たちの生活を模倣したいと思っている人々にとって、かけがえのないものです。[25]

この後に「大部分の忠実な信者は……」という「使徒言行録」からの

*クレメンス（一世）　三〇頃―一〇一頃　第三代のローマ司教（在位九二頃―一〇一頃）、聖人。使徒教父文書の一つに数えられる「クレメンスの第一の手紙」は、一世紀末の教会の状況を伝える第一級の史料とされる。

引用が続く。

この手紙は、聖職者にあてたものか、修道士にあてたものか明らかではない。おそらく両者にあてたものだろう。しかし、次の手紙はまったく明白である。

教皇ウルバヌスより、全キリスト教徒へ。かつてはすべての良きキリスト教徒たちが共同生活を営んでいたこと、そして神の恩寵のお蔭で、今日においてもそれは変らないのをあなた方がご存じないはずがない、そのことを私たちはよく知っています。とりわけ、主の定めゆえ別にされた人々、すなわち聖職者たちにおいては、「多数の信者たちは一つの心と一つの魂で結ばれていた。すべての物が彼らの間で共有されていたので、手に入ったものを自分の物だという者はだれ一人いなかった……」と「使徒言行録」にあるように、共同生活が重要です。したがって共同生活を行なうことにし、私有財産は持たないと決意した人は、だれもがその誓いを破らないように注意を怠ってはなりません。(26)

十世紀半ば、こうした使徒的生活の流れは、隠修士の強い呼びかけに活性化され、メッスに影響を及ぼし、ジャンブルーのシゲベルトゥス*によれば[27]、その地で、ゲルマニアにおいて決定的となるゴルツェ**の修道院改革を起こす直接の契機となった。さらに九七五年、ランスの大聖堂において、聖アウグスティヌスの思想と初代教会のイメージに浸透された「厳密な意味で最初の正規の司教座聖堂参事会」[28]を創設した。このように、フランス、ロレーヌ、ドイツにおいて、一〇九二年の教皇ウルバヌス二世の大勅書にあらわれることになる聖堂参事会員に関する歴史観が準備されていたのである。グレゴリウス改革時代の聖堂参事会員の大叢書であるルッカのアンセルムスの教令集が教皇に伝えていた内容を思えば[29]、教皇の確信の強さは——たとえそれが間違いであるとしても——理解できる。アンセルムスの教令集は、一と二、教皇ウルバヌス一世とクレメンス一世の驚くべき偽造文書、三と四、先ほど述べた聖アウグスティヌスの聖職者の使徒的生活に関する本物の説教二つ、五、聖グレゴリウスによる、カンタベリーのアウグスティヌス宛ての、イングランドで

*シゲベルトゥス（ジャンブルーの）
一〇三〇頃—一一一二　ベルギーの修道士、年代記作者、聖人伝記者。シジュベールともいう。生地であるジャンブルーや、長く修道院で教えていたメッスに関する著作が多い。

**ゴルツェ（修道院）
七四九年、メッス司教クロデガングにより、教区内のゴルツェ川近くに創建されたベネディクト会修道院。八二五年以降は俗人の支配を受け一時腐敗したが、修道院長エイノルド（九三三—九六七）、ゴルツェのヨハネ（九六七—九七六）らにより厳格な修道院に生まれ変わり、クリュニーに先駆けて修道院改革に着手した。

宣教師たちが送ることになる使徒的生活に関する手紙――その文面は彼らが聖職者であると同時に修道士であることを無視していた――以上の文献を含んでいた。

当時のいくらかの改革派の聖堂参事会員たちが送っていた完全な共同生活を考えれば、ウルバヌス二世が聖堂参事会の理想の起源を断固としてエルサレムの使徒教会に求めたことは理解できる。しかし、この誤りは彼に重大な誤謬を犯させることになった。というのも彼は、九世紀から十一世紀の間におけるアーヘンの会則による司教座聖堂参事会員たちの共同生活――それは時には光輝溢れるものであった――を、ひどく頽廃したものとして描いていたからである。もっとも、それは理想が刷新されつつある時期にありがちな過ちである。

三　聖堂参事会員の使徒的刷新

実際、『偽教皇勅令集』の作者たちによって巧みに導入された思想は、九世紀から十一世紀にかけて西方の教会にゆっくりと浸透し、市民権を得ていた。一方で司教座聖堂参事会員の生活は、ヨーロッパの各地域の事情に応じて、さまざまな変遷を被っていた。

神聖ローマ帝国では、カロリング王朝の大参事会教会が、ここでは触れる余裕がない種々の浮き沈みがあったものの、歴代皇帝の強力な庇護のもとで、アーヘンの改革の精神を生き生きと保ち、さらには使徒への回帰というテーマの影響を受けて、それを活性化するよう変えてさえいた。十一世紀初頭、司教座聖堂参事会は、ハインリヒ二世*の手によるバンベルクの改革によって、見事に再生する[30]。その改革で、司教座聖堂参事会員たちは、リエージュ教会の学識とヒルデスハイム教会の厳格さを

*ハインリヒ二世　九七三―一〇二四　ザクセン朝最後のドイツ国王（在位一〇〇二―二四）、神聖ローマ皇帝（一〇一四戴冠）、聖人。オットー三世の早世の後、傍系より入って王位を継承、国内政策に堅実な手腕を発揮し、王権の強化に努めた。幼時にヒルデスハイムで聖職者としての教育を受けるなど神学的学識に通じ、対立する世俗諸侯への対抗策を兼ねて、バンベルク司教座の設置（一〇〇七）をはじめ、司教座教会の支配基盤を体系的に拡充、またゴルツェ修道院の改革運動を支援するなど、いわゆる帝国教会政策を推進した。

結合すべきだと主張していた[31]。ガリア北部やカタロニアのような周辺地域では、司教座聖堂参事会員の生活に関するそうした古典的厳格さの復活は好感を持って迎えられた。

しかしフランス、さらにイタリアでは、カロリング王朝の崩壊、聖職者制度の頽廃、そしてとくにペトロの司教座（ローマ司教区）の屈辱が司教座聖堂参事会員の生活に影響を与えた。教皇庁の危機がイタリアにハインリヒ三世*を進出させ、三教皇の廃位をもたらし、一連のゲルマン人教皇――偉大なる聖レオ九世**（在位一〇四九―五四）はその一人である――を迎える道を開き、グレゴリウス改革の端緒となったことは周知のとおりである。

教会改革の思想は、当初は、ゲルマニアにおいて豊かに花開く。まずは指導者である教皇、司教、聖職者たちを、その道徳観、独身制、職務といった点に関して改革する。他方、ロレーヌやドイツで開花しつつあったすばらしい聖堂参事会員の共同生活制度は、南フランスの聖堂参事会に影響を及ぼし始めた。

しかしイタリアの改革家たちには、神聖ローマ帝国の改革家たちが持

*ハインリヒ三世　一〇一七―五六
ザリエル朝第二代のドイツ国王（在位一〇二八―五六）、神聖ローマ皇帝（一〇四六戴冠）。国内諸侯の相次ぐ反乱を抑え、中世ドイツ王権の最盛期を実現した。クリュニーの第五代修道院長オディロの推進する修道院改革や「神の休戦」運動を支援、また一〇四六年から翌年にかけて、教皇権の混乱（ローマの有力貴族トゥスクラーニ家とクレシェンティ家の対立から、ベネディクトゥス九世、シルヴェステル三世、グレゴリウス六世の三教皇が鼎立した）収拾のためイタリアに遠征、三教皇を罷免したのちバンベルク司教スイトガーをクレメンス二世として即位させた。

**レオ九世　一〇〇二―五四
教皇、聖人。トゥール司教（一〇二七―四九）としてロレーヌとクリュニーの修道院改革の精神に沿った改革を断行したのち、ハイン

っていたような梃子《てこ》が欠けていた。神聖ローマ帝国の改革は、世俗権力、それもとくに力を持った封建領主たちに助けられていた皇帝が推進したものであった。ところがイタリアでは、世俗的権力は、改革を推し進めるには、あまりにも弱く、間接的で、移ろいやすいものであった。衰退期に入っていたために、存亡の危機に瀕してさえいた。イタリアの世俗的権力は、たいてい地方の小封建領主とか非常に野心の強い君主という形態をとっており、教会の改革を助けるどころか、教会の頽廃の直接原因ともなっていたのである。そのかわり、聖職者たちには他のどこよりも司教に対する服従心と、自らの使命が独自のものであるという強い意識があった。(32)

では、どうすればよいのか。ありうる限り、もっとも福音主義的方法、すなわちキリスト教徒たる確信に訴えかけることだ。聖職者の改革が問題なのだから、聖職者たち自身のそれぞれの確信をもとにすることだ。もはや世俗権力の支援で制度を普及させることは問題ではない。聖職者の深い確信と善意から起こった運動によって、聖職者たちが自分を取り戻し、教会を刷新するために、聖職者自身に制度の精神を発見もしくは

リヒ三世に推されて教皇となり（一〇四九）、クリュニーのフーゴーやヒルデブラント（後のグレゴリウス七世）とともに教会改革を推進、グレゴリウス改革の先鞭をつけた。

再発見させることである。

そういうわけで、ドイツの聖堂参事会の共同生活運動では「使徒的生活」についての言及はほとんどなされず、(33)私有物や財産共有性に関して、アーヘンの会則の曖昧な文句が繰り返されるだけだったのに対して、イタリアでは、明白に「使徒的生活」という言葉が用いられ、初代教会への回帰、「教会のはじめのやさしい時代を蘇らせること」、「教会がそのはじめの時期に持っていた制度」(34)——とりわけ財産の全面的放棄——を十全に受容することへの呼びかけがなされたのである。これは、イエス・キリストの手と聖霊の啓示から生まれたばかりで、非常に純粋かつ厳格な生活を送っていた初代教会の姿、すなわちキリスト教徒たち、とくに司祭たちの心につねに感動的と感じられる、あのイメージを呼びさますことであった。そして、この力強い本源的イメージが、まず最初にイタリアの聖職者たち、ついでヨーロッパの一部の聖職者たちの刷新を引き起こした。(35)

一〇五九年五月、ローマでの教会会議において、教皇ニコラウス二世*のもと、未来の教皇グレゴリウス七世**であるローマ教会副助祭ヒルデブ

*ニコラウス二世　九八〇頃—一〇六一　教皇（在位一〇五九—六一）。ヒルデブラント（後のグレゴリウス七世）の支援を受けて教皇となり、教会改革を推進。一〇五九年のラテラノ教会会議で、皇帝を教皇選挙から排除する「教皇選挙教令」や、俗人の聖職授与禁止規定を制定するなど、教俗分離の方向性を明確に打ち出した。

**グレゴリウス七世　一〇二〇頃—八五　教皇（在位一〇七三—八五）、聖人。俗名ヒルデブラント。レオ九世以下六代にわたる教皇の下で、また自ら教皇としていわゆるグレゴリウス改革を推進、十三世紀にかけての教皇権の最盛期をもたらした。教会内部の刷新にとどまらず、俗権に対する教権の優位の確保など、社会制度全体を視野に入れたその改革の内実については本文（とくに九二頁以下）を参照。

ラントは、聖職者の使徒的共同生活という理想からすれば、個人は完全に清貧かつ厳格な生活を送るべきなのに、それを歪曲している、とアーヘンの司教座聖堂参事会会則をはげしく批判した。[36]この私的財産に対する徹底的攻撃は、大多数が積極的に賛同するということにはならなかったが、これによって、あらゆる聖職者が、少なくとも基本的部分においては、使徒的形態の共同生活を送るべきであるとする教会法が制定される。

私たちは、我らの先駆者にしたがって貞潔を守ってきたあらゆる聖品の聖職者たち〔司祭・助祭・副助祭〕に対して、彼らが聖別された教会のすぐ近くに、律修聖職者*に都合がいいように、食堂と共同寝室を持つこと、そして教会から与えられるすべてのものを共有するということを定めることを宣言する。私たちは、彼らが、完璧をめざす生活の最終段階に来たとき、約束された百倍の功徳を受け取る人々とともに天国に入れるよう、全力を尽くして使徒的共同生活に到達する努力をすることを、[37]励ましつつ、要求する。**

*律修聖職者
修道士と同様に修道誓願を立て、戒律に従って共同生活をする聖職者をいう。

**〔第一〕ラテラノ公会議の教令第四条。聖職者の共同生活と私有財産の放棄を謳い、聖堂参事会改革の指針となった。

途中で、聖ペトロの「信仰告白」と百倍の功徳の約束——使徒たちの信仰告白に対するイエスの答え——について触れられている。それゆえ、まもなく改革派の聖堂参事会員たちが、修道士たちの流儀で修道誓願を立て始めても驚くことはない[38]。そして、このあとで触れる聖アウグスティヌス会則の採用によって、聖堂参事会員の契約における個人財産の全面的放棄が確たるものとなる。

しかしながら、聖ペトルス・ダミアニ*を代表とするイタリアの説教師たちは、一世紀前、砂漠への逃避に対するノスタルジーが数多くの人々に無私無欲の気持ちを呼び起こさせた例にならい、改革を受け入れるよう説得するため、聖職者たちに直接言葉をかける。かつての〔ラヴェンナの〕司教座聖堂修道院付属神学校校長で、次いで隠修士、修道士、さらにフォンテ・アヴェラナ修道院の改革者となり、説教するにあたってもまた宗教上の論文を書くにあたっても、当時もっとも傑出していたこの説教師は、初代教会の理想という根源的理想への聖職者の回帰を、さまざまの姿でかつ実に感動的に描き出し、申し分なくキリスト教徒の職

*ペトルス・ダミアニ
一〇〇〇頃―一〇七二　神学者、司教、聖人。教皇ステファヌス九世（在位一〇五七―五八）によりオスティアの枢機卿に任ぜられ、以後ヒルデブラントとともに教会改革の牽引役を務めた。

務を果たすことを可能とさせる唯一のものである「使徒の清貧」を、聖職者たちが十全に再発見する助けとしている。

　まもなくこれらの発言に対する反響が生じる。改革を遂行するために教皇たちが行なった試みによって、全西欧を一変させることになる大規模な衝突が起こるのである。聖職者たちを初期の理想に立ち帰らせるためには、説教だけでは十分ではなかった。社会にはあまりにも多くの慣習があり、当時の法律には世俗の利害関係があまりにも多く根を張り、宗教的権力の大部分を麻痺させていた。したがって、聖職者たちの精神を刺激すると同時に、障害となっている諸制度を攻撃しなければならなかったのである。そのため、ニコラウス二世以来多くの教皇――とくにグレゴリウス七世――は、宗教上の理想についての説教を越えて、はるか先まで改革することをためらわなかった。教皇たちは、あまりにしばしば聖職者を俗人の恣意の支配下に置くことを許している法慣習――とくに俗人による聖職者の任命を拒否すること――を、立法および政府レヴェルの決定によって粉砕しようとした。そうしてグレゴリウス七世は、聖職者の改革を実現するため、その後五十年間全西欧を混乱させる聖職叙任権闘争――これは何世紀も続く教皇権と皇帝権の争いという別の新たな争いをも引き起こす原因となる――を開始することになる。

それ以後、イタリアとドイツは大混乱をきわめる。人々は、四方八方から、教皇に賛成の立場をとるのか反対の立場をとるのか問われた。今度はヨーロッパが、宗教上の大戦闘の影響で揺れ動くのだ。人々は、戦士や論争家からだけでなく、宗教上の指導者たち、さらには教皇自身からじかに態度決定を求められた。また、小教区の信者に対して、彼らの教区の司祭がローマから発せられた規則を守ることを承諾しない場合は、その司祭に叛旗を翻すようにと要請するという思い切った行動に出ることさえあった。

こうしたグレゴリウス改革のやり方は、明らかに大胆という以上のものである。いくつかの面からして、この改革は革命という以外ないともいえる。いずれにしても、その時まで帝国の法、すなわち西欧のキリスト教によって受け入れられていた法にしたがって、改革の忠実な僕《しもべ》であった神聖ローマ皇帝たちは、以後この改革を革命と名付けるようになった。彼らは、改革の理想は伝統に基づいておらず、グレゴリウスのローマ教会法は改変であると考えた。皇帝たちはとくに、それが司祭のそれであろうと、司教のそれであろうと、皇帝のそれであろうと（皇帝は今や教皇によって廃されるものとなった）、正当な権威に対して、人々を反抗するようしむけるこうしたやり方は、恥ずべきことであり、世界を混乱させるもとでしかないと見なしていた。しかし、聖職者の改革という目的は大きく、また、それに対する欲求も、少なくとも教皇庁とじかに接するいくつかの司教区では、非常にはっきりしていたので、教皇は改革を推し進める。そして、それ以後世界中に伝播し、十四世紀には神聖ローマ帝国の根底を揺るがすことになる大変革*によって、使徒的改革の理想はセンセーショナルに広まっていく。

こうして源泉への回帰、使徒の模倣、使徒の職務および清貧の遵守といった理想は、各地に相応の反響を引き起こし、そうした理想に共感する聖堂参事会員や聖職者たちの改革は、もはや南の地域に限られなくなる。使徒的生活の新たな理想は、まずイタリア北部と中部、フランス南部を捉え、まもなく神聖ローマ帝国自体に反響を及ぼし、いくつかの聖

*宗教改革の先駆的役割を果たしたオックスフォード大学の神学者、ジョン・ウィクリフ（一三三〇頃—八四）による教会批判と、それのもたらしたさまざまな反響を指す。

堂参事会において、それ以前から続いていた改革をはっきり修正し、さらに、フランス北部、スペイン北部、アイルランド、スカンジナビア、ポーランドに浸透する。これは聖職者制度自体における奥深い変化、新制度の開花である。当初、グレゴリウス改革の推進者たちはすべての聖職者の改革を意図していた。しかし、田舎の小教区――とりわけ俗人が権力を握っているところ――の司祭たちの生活状況を変えることはできなかった。もっとも、改革家たちは少なくとも単独聖職者――これ以後在俗聖職者と呼ばれる――の身分と聖堂参事会員の身分を明確に区別することには成功する。すべての聖職者に聖アウグスティヌスがいう使徒的生活の理想を普及させるという努力は半分しか成功しなかったとしても、まもなく人々は、律修聖堂参事会員と在俗聖堂参事会員――その中には不当にもカロリング朝や神聖ローマ帝国の会則にもとづく司教座聖堂参事会員が加えられている――という新しい区別を認めなければならなくなる。(39)

最後に、律修聖堂参事会員自体の中に、かなりの差異が生まれてくる。いくつかの共住聖職者参事会や司教座聖堂参事会は、固有の会則を採用し、個別の修道院を設立するが、多くの聖堂参事会は、全体を統括する参事会のもとに多くの組織を集めることによって構成される。南フランス、スペイン北部において多くの聖堂参事会および共住聖職者参事会を改革したサン＝リュフ律修参事会*、神学上の運動において重要な役割を果たすサン＝ヴィクトール律修参事会、今もなお力を持っているプレモントレ律修参事会、他にもアルエーズ律修参事会、シュプリンガーズバッハ律修参事会、ラテラノ律修参事会などである。

また、この強力な運動の歴史は、心理的側面によっても、一部説明することができる。一部の聖職者たち、とくに司教座聖堂参事会や共住聖職者参事会の聖職者たちの心に、一種の良心の咎めが生まれ、それが彼らに修道士と同じように厳格に初代教会の生活を受け入れる決心をさせ、修道誓願を行なわせたのである。

九世紀には、司教座聖堂参事会員たちは、アーヘンのカロリング王朝の会則によって、修道士だけが使徒たちの財産放棄を模倣する義務があると知っていたのに、十一世紀の後継者たちは次のように信じこんでい

＊サン＝リュフ律修参事会……
以下には、十一世紀後半以降の聖堂参事会改革の流れの中で、聖アウグスティヌス会則を採用して共住生活（財産の共有）を実践、修道会に近いかたちで発展した代表的な律修参事会（アウグスティヌス律修参事会と総称され、広義の修道会に含められることも多い）の名があがっている。
サン＝リュフ律修参事会の母体は一〇三九年アヴィニョンに設立、一〇八八年頃に教皇ウルバヌス二世より特許状を与えられて以降、独立した律修参事会となり、南フランスを中心に勢力を伸張した。サンチャゴ＝デ＝コンポステラへの各巡礼路に宿泊救護施設を配していたことでも知られる。
パリの**サン＝ヴィクトール**は一一一三年、シャンポーのギヨームの尽力によって律修参事会となり、サン＝リュフと連携して十二世紀フ

る。

聖堂参事会員の会則が使徒の生活の規範に由来していること、また厳格に規律を守っている聖堂参事会員の共同体は、いかなるものも教会の揺藍期を模倣していること、それはまったく明快かつ明白である。

今ここに引用しているグレゴリウス改革派の説教師*は続ける。

ところで、「多数の信者たちは一つの心と一つの魂で結ばれていた。すべてが彼らの間で共有されていたので、手に入ったものを自分の物だという者はだれ一人いなかった……」という信仰にまで達した今、使徒たちの努力のもとで教会が遵守してきた生活の会則、共同生活の規範をよく理解してほしい。だが何ということだ！　キリストが使徒たちに許さなかった（財産の所有という）特権が、聖職者に与えられることになるのだろうか。[40]

ランスにおける改革運動の中心的存在となった。

プレモントレ律修参事会は一一二〇年、クサンテンのノルベルトゥスによってフランスのランに近い荒野に設立され、一一二六年には「修道会」として認可されている。

アルエーズ律修参事会は一〇九〇年頃に北フランスのアラス司教区内に設立。

シュプリンガースバッハ律修参事会は一一〇七年頃、トリーア司教区内のクレーフに設立。

ローマのラテラノ律修参事会はその母体の起源を大グレゴリウス時代にまで遡るが、律修参事会としてはやはり十二世紀以降、ルッカのサン＝フレディアーノ律修参事会などと連携しつつ発展した。

＊ペトルス・ダミアニのこと。引用は『私有財産保有の律修聖職者を駁す』の一節（原註40も参照）。

十一世紀末のグレゴリウス改革派の使徒的な聖堂参事会員とカロリング王朝もしくは神聖ローマ帝国派の司教座聖堂参事会員の、共住制度確立をめぐる争いが、前世紀のゴルツェとクリュニー*、次世紀のクリュニーとシトー**の争いと同じく、こうした動機から生まれていることを指摘する必要があるだろうか(41)。それは、悪に対する善の戦いなどではなく、以前のまったく正当な一つの理想に対する、おそらく以前のものより優れてはいるが間違った歴史的事実に基づいているもう一つの理想の戦いなのだ。

*ゴルツェとクリュニー
ともに十世紀から十一世紀にかけての修道院改革の中心的役割を果たした。両者の運動は時代的にほぼ平行して進められたが、その志向や法制、典礼などに関しては顕著な相違があったとされる。ゴルツェについては八四頁、クリュニーについては二八頁の訳註も参照。

**クリュニーとシトー
シトー会は、一〇九八年にモレームのロベルトゥスが設立した修道院を祖として発展、十二世紀末には西欧各地に五百を超える修道院を擁するまでに発展した。クリュニーの規律の弛緩を厳しく批判したが(とりわけクレルヴォーのベルナルドゥスとペトルス・ヴェネラビリスの論争は有名)、そのシトーとても発展し、豊かになればまた同じ道を歩むことになる。

四　聖堂参事会員の独自の方針

しかしながらもっとも興味深いことは、聖堂参事会員たちが、かつては修道士たちの専有物であった「使徒的生活」からの啓示を広く受け入れ、それに反応した方法である。

その規模の大きさを見定めるには、聖アウグスティヌス会則の復活のおかげで、グレゴリウス派の聖堂参事会員たちの間で修道生活が花開いた時期を待たなければならない[42]。この会則の成立に関しては、二つの文書の存在、最古のテクストである『修道院の規律（*ordo monasterii*）』の改編、そしてその結果として、聖堂参事会の規則が「古い規律（*ordo antiquus*）」と「新しい規律（*ordo novus*）」あるいは「より堅固な生活習慣（*arctior consuetudo*）」の二種に分かれたことなど、複雑な問題が横たわっているが、ここではそれらに触れている余裕はない*。いずれにして

＊十一世紀以降、聖堂参事会の会則として、またドミニコ会をはじめとする修道会の会則としても用いられるようになった聖アウグスティヌス会則は、『聖ベネディクトゥス戒律』のように単一のテクストではなく、いくつかのヴァリエーションがあり、成立の時期、場所、作成者のいずれについても異説が多く、いまだ定説にまで至っていない。詳細は巻末に「邦訳参考文献」としてあげたもののうち、とりわけ Verheijen と Lawless の著書を参照。

も、ランスにおいて聖アウグスティヌス会則が再びあらわれたのは一〇六七年のことである。* そして、聖アウグスティヌスが主張する使徒的共同体という聖職者の模範――中世の間じゅう信じられていたとはいえ、聖職者の歴史においては孤立している考え――が突如最前列に踊り出て、聖堂参事会員の起源は使徒であるという確信を強めることになった。

聖アウグスティヌス会則の中でもっとも安定した部分、修道女たちのために書かれた二一一番目の書簡は十一世紀末以来、使徒的共同生活の中心をなす啓示である一体性という理想に関して、もっとも純粋な表現の一つを広めている。それは、次の言葉で始まっている。「まず最初に、(親愛なる兄弟たちよ)、あなた方の修道院では、神による一つの心、一つの魂によって結ばれ、一体となって暮らすようにしてください。あなた方が集まっているのはそのためなのですから」[43]。

後日ドミニコ会修道士によって取り上げられるプレモントレ会の慣習規定の序文は、注目すべき言葉を使って、次のように論評している。

*教皇アレクサンデル二世がランスのサン=ドニ聖堂に与えた特許状に、この聖堂の聖職者たちが聖アウグスティヌス会則に従って生活していたことが示されているという。

会則によって、私たちは神による一つの心と一つの魂で結ばれねばならないのであるから、同一の修道誓願によって結びつけられ、同一の会則のもとに暮らしている私たちが、一体となって、会則を遵守するのは当然のことである。そうすれば、私たちの心の中に一体感が燃え上がり、私たちは同じ振る舞いをし、私たちの一体性が外部にあらわれるようになる。ところで、もし行なうのがふさわしい事が文書化され、各々がその文書の記述から自ら送るべき生活方法を学び、また誰も、自分の意志でその記述を変えたり、付け加えたり、削除したりすることができないようになっていれば、この会則はより適切かつ十全に記憶に保たれ、遵守されるだろう。というのも、もし細部をなおざりにしたら、なしくずし的に堕落していく恐れがあるからだ。(44)

修道士が書いた文の中で、この記述ほど適切に共住修道者の生活の基本的要素——兄弟のように親密に結ばれた感情と、そのエルサレムの使徒的理想からの直接的派生(「多数の信者たちは一つの心と一つの魂で結ばれていた」)、一体性が目に見えるようになることの有益性と必要性(「燃え上がり……外部にあらわれる」)、会則を記述した文書の役割と会則の遵守——を表現したものはないように思われる。とくに、聖アウグスティヌス会則は、基本となる条件、財産放棄を次のようにはっきりと明示している。

したがって、私有財産をもってはいけない。あなた方の財産が共有され、あなた方の修道院長が各々に食物と衣服を、皆が同じ健康状態にあるわけではないので、均一にではなく、各人の必要に応じて、分配するようにしなさい。「使徒言行録」には、使徒たちの間ではすべてが共有され、必要に応じて分配されていると書かれている……。(45)

しかしながら最も注目すべきことは、グレゴリウス改革派の聖堂参事会員を経ることによって、使徒的生活の意味がいくつかの変化を蒙ったこと、というよりむしろ修道士についての解釈が訂正されたことである。

たとえば、封建時代においては実に意義深いことだが、ペトルス・ダミアニは「人は清貧によって解放される」と執拗に強調している。「個人財産を所有すれば、聖職者たちは自分たちの上に立つ高位聖職者の権威を軽侮し、俗人の前に首をたれ、敬意をおぞましい不名誉と恥辱の中に投げ込む……」[46]。ここには聖職叙任権闘争が反映している。

しかし、ここには、「魂の管理＝布教活動」を直接的に準備するものとして、使徒たちの質素で規律正しい共同生活を提示するという新しい事実がある。「使徒言行録」が、エルサレムの初期共同体の私利私欲を捨て兄弟愛に満ちた生活を描写したすぐ後に、「使徒たちは、大いなる力をもって主イエスの復活を証《あか》しし、皆、人々から非常に好意を持たれていた」（四：三三）ことを思い出させているとすれば、それは、「個人的にはまったく物を所有しないがゆえに、すべてを共有し、一切の現世的富の恩恵も受けない使徒たちだけが、布教の任務に適している」[47]ことをはっきりと示すためではなかったか、とペトルス・ダミアニは述べている。

こうして、それまで通常修道士たちが行うことのなかった「魂の管理＝布教活動」というテーマが使徒的生活の基本的動機の一つになる。したがって、聖職者の清貧の歴史において、「使徒言行録」のテクストの傍らに、使徒は福音を伝えるものであるとの新たなテクストが出現することになる。

旅には杖一本のほか何も持たず、パンも、袋も、また帯の中に金も持たず、ただ履物は履くように、そして「下着は二枚着てはならない」と命じられた。こう「マルコによる福音書」は言う（六：八―九）。というのも、私有財産を持たない者だけが布教の任務にふさわしいからからである。……あらゆる邪魔物から自由になった軽装備の兵士（*expediti*）のように、彼らは自らの美徳と聖霊の剣だけを武器にして、主のために、悪徳や悪魔と闘うのである。[48]

このように、使徒の理想は明白に「魂の管理＝布教活動」という任務の方に向かっている。今回もまた、この新しい方針は、時代の要請に合ったものであった。聖職者の改革によって教会の改革を行なおうとする試みであったグレゴリウス改革運動は、同時に、キリスト教社会全体を改革しようとする最初の運動であり、完璧化への努力を「世界からの逃亡」と考えるのではなく、聖職者がキリスト教的完璧化をめざす生活を「世界への回帰」――世界をキリスト教化するために世界を把握すること――であると位置づけようとする、非常に思い切った冒険であった。かつて（メロヴィング王朝とカロリング王朝の初期を思い出していただきたい）、聖性とは、人々の通常の生活から遠ざかる人々の専有物であったが、グレゴリウス改革運動は、人を神の国の栄光に導くよう委託されている聖職者たちが頂上にいるキリスト教世界において、聖職者と同様に平信徒も、修道院に隠遁している人々と同様に俗世間に留まっている人々も区別なく、あらゆる人がそれぞれ自分にふさわしい位置を占めることによって、聖性に達することができると、はっきり主張した。この独特かつ勇気のある運動は、キリスト教世界、さらには西欧世界をも作り上げた。というのも、この運動によって、聖性は、世俗を逃れることができる小数のエリートだけに属するものではなく、キリスト教徒でありかつその立場に応じた奉仕を行なえば、誰でも手に入れることができるものであることを教えたからである。グレゴリウス的理想にもとづくこうした変化は、使徒的生活を、単に聖職者たちに徳を与えるもの、清貧によって聖職者たちを自由にするものではなく、かつて使徒たちを福音の伝道に赴かせたように、聖職者たちをキリスト教の布教に向かわせるものであるとすることで、「使徒的生活」の意味そのものを変化させている。

この時から、聖堂参事会員たちにとっての使徒的生活の意味は、修道士たちにとってのそれと、それまで以上に明確に区別されることになる。これは、修道士、聖職者、聖堂参事会員のそれぞれの優劣に関する論争の中ではっきりとしてくる。それは驚くほど長く激烈な論争であり、今日でも、数十篇の論文、対話篇、往復書簡が残っている。(49) それには初めに考えられる以上に深い理由がある。とくに、信者により権威のある会に移ることを許す権利を与えないことで、聖堂参事会の中で、修道士や修道院が安定した地位を占められるようにするということがある。聖堂参事会員たちにとって、こうした論争は、歴史的には、使徒の模倣に関して、一方では、修道士たちが千年来与えてきた解釈を修正し、他方では、在俗聖職者たちによる解釈を排斥することを狙ったものであった。そして、この論争は最後には、真の使徒の模倣は規律の遵守を伴った共同生活にあるのか、「魂の管理＝布教活動」にあるのか、あるいはその両者の並立にあるのかという問いかけにいたる。この戦いの起源には、十二世紀の初頭には、かつては世俗人だった修道士たちがよく聖職者となったという事実がある。そうなると聖堂参事会員とかわらない。ところで、修道士は聖堂参事会員より使徒の生活規範をより完全に実践している。そうなれば、彼らこそ使徒の真の後継者ということにならないだろうか。

しかし、他方では、古くからの伝統によって、修道士であれ律修聖職者であれ、修道会に所属する者にはいかなる布教活動も禁止されていた。在俗聖職者が修道士や律修参事会員に対して、「修道士の職務は人を教化することではなく、涙することである」[50]という聖ヒエロニュムスの言葉や、「おまえが自分は修道士であるというのなら、おまえは自分は死んでいるといっていることになる。この世で死んでいなければ、修道士とはなれないからである。だが、公に発言することができる者が、死んでいるといえるのだろうか」[51]というドイツのルーペルト*の言葉を突きつけるのはそのためである。

しかしながら、修道士も聖堂参事会員も、在俗聖職者に対して、説教や洗礼やその他の職務を行なうからといって使徒に近づくわけではないと主張する。使徒の活動は、そうした職務をはるかに越えたものだからである。使徒たちは奇跡を起こし、宣教において大いなる恩寵の果実を与え、集団を改宗させ、洗礼を行なった。ところが在俗聖職者たちはそんなことは一切しない。したがって、その活動によって使徒の生活を模倣しているなどと言わないでもらいたい。使徒を模倣する方法は、彼らの美徳を我がものとすることだけだ。それこそ修道士と律修参事会員が行なっていることである。それゆえ、たとえ在俗聖職者が布教を行なっているとしても、自分たちの方が使徒の職務を実践し、使徒の生活の卓越性を得る権利がある。さもなければ、「説教し、洗礼を行なうがゆえに、聖職者の中でもっとも不純な者が使徒の生活を実践していると言わ

*ルーペルト（ドイツの）
一〇七五頃―一一二九　スコラ学者、聖書釈義家。ライン川流域の修道院改革の拠点であったジークブルク修道院に一時身を寄せたのち、一一一九年から二一年にかけてケルン近郊にあるドイツの修道院長を務めた。グレゴリウス改革に共鳴、とりわけ修道院改革の論客として聞こえ、ライヒャスベルクのゲルホらに影響を与えた。

なければならなくなる」とある小冊子は指摘する。[52]この「不純」という言葉を理解するには、結婚したり禁欲を守っていない在俗聖職者たちに対する当時の非難を思い起こせばよい。

あと、修道士と律修参事会員の対立が残っている。聖堂参事会員は修道士に対して、自分たちの方が先に聖職者となった、それは少なくともレビにまで遡ることができるといい、自己の優位性を主張する。修道士が聖職者となったとしても、それは修道院内部での幾つかの聖務を行なう例外的なものにすぎない。したがって、律修参事会員のほうが修道士よりも使徒の職務をより忠実に実践していることになる。そしてサン＝リュフ律修参事会規則は次のように結論する。

教会の教父たちの確たる言葉によって、司教座聖堂参事会は、正当な権利として、他の修道会より上位におかれる。司教座聖堂参事会員が、宣教、洗礼、その他の教会の秘跡を行なうにあたって、キリストとその使徒たちの後継者である以上、それは驚くべきことではない。[53]

その歴史的な要約で、聖堂参事会と修道院は、使徒という一つの幹から別れた同等の権威を持った二つの枝である、と主張しようとした教皇ウルバヌス二世の努力にもかかわらず、グレゴリウス改革によって生まれた聖堂参事会員たちは、自分たちが、その定義上、聖職者であり、固有の聖務を持っている以上、修道士が共同生活における清貧と厳格性においていかに完璧であろうとも、自分たちの方が彼らよりも、より使徒に近いところにいると自負していたのである。

使徒の模倣というテーマの聖堂参事会員に関する記述の終わりに来た今、私たちは、一世紀半後に、この同じ精神的テーマからなぜ托鉢修道会が生まれることになるのか予想できる。

第3章

托鉢修道会士
（ドミニコ会士）

LES MENDIANTS

一 「使徒的」という言葉の新たな意味

十三世紀に「使徒的」という言葉――「使徒的人間」「使徒的生活」「使徒的規範」――は、それ以前と対立する新たな意味を獲得した。九世紀以前はもちろん十世紀においてさえ、「使徒的」という形容詞は、修道生活に関連して用いられる場合、厳密に「修道士的」という意味であった。そして、十一世紀、十二世紀には、「聖堂参事会員的」という意味にもなる。ところが、十三世紀になるともはやそのどちらでもなくなる。たとえば、宗教裁判であるアルビ*の住民が「完全な」カタリ派**は、「使徒的」規律を遵守していると述べるとき、(1)彼はカタリ派が修道士や聖堂参事会員であるといっているわけではない。「修道士的」「聖堂参事会員的」「使徒的」という三つの用語は、相互に区別され、そして奇妙なことに、互いに序列化される。

*アルビ
南フランスの都市。十二世紀後半以降、トゥールーズとともに異端カタリ派の拠点となった。

**カタリ派
十二世紀中頃から十三世紀にかけて西ヨーロッパ一帯、とりわけ南フランスとイタリアに急速に広がったキリスト教の異端。地方や時期により多様な名で呼ばれ、南フランスのそれはしばしばアルビ派（アルビジョア派）と称される。一一七九年の第三ラテラノ公会議で破門宣告を受けるが、以後も善悪二神論に基づく極度に禁欲的な教義と独自の聖職制によってローマ教会を脅かした。インノケンティウス三世のアルビジョア十字軍（一二〇九―一二一九）、ドミニコ会による異端尋問の徹底などにより十四世紀中頃にはほぼ根絶された。

実際、一二四二年以前に形成された聖ドミニコ典礼祭式の中のある唱句が、「要するに聖堂参事会員を使徒へと高めるのだ」とはっきり宣言している。(2)「高める」！　つまり聖堂参事会員の理想から使徒的理想（使徒的人間）への交代ではなく、上昇があるのだ。

ヴォラギネのヤコーブス*は、一二七一年から一二八八年にかけて書いた『聖ドミニクスの生涯』の中で、「ドミニクス（*Dominicus*）とは、主に守られる者（*a Domino custoditus*）である」と洒落を言いながら、こう述べている。「実際、主はそれを、一番目は俗人の生活、二番目は律修参事会員の生活、三番目は使徒的人間の生活という三段階に区別された。主は、一番目の生活において始めさせ、二番目で十分に進展させ、三番目で完全に到達させるのである」。(3)

「俗人→律修参事会員→使徒的人間」という漸進的上昇を強調しておこう。また、「始める→進歩する→完全性を確保する」という展開は、東方的伝統による宗教上の完成度の三段階と合致する。俗人と聖堂参事会員の間と同様、聖堂参事会員と使徒的人間の間には完全な違いがあることがわかる。

＊ヤコーブス（ヴォラギネの）
一二三〇—一二九八　中世から近世にかけて広く読まれた聖人伝集成『黄金伝説』の著者。一二四四年にジェノヴァのドミニコ会修道院に入り、一二九二年よりジェノヴァ大司教。「聖ドミニクスの生涯」は、原註3からも『黄金伝説』中の一編を指すと思われるが、同書の成立は通例一二六三—六七年頃のこととされている。

一二七八年頃、サラニャックのエティエンヌ*は、聖ドミニクスの宗教実践の過程を三段階に分け、同じ上昇過程に行き着く。「彼は、修道誓願によって律修参事会員となり、規律正しい生活の厳格さによって修道士となった……さらに彼は、恩寵がさらに増加するにつれて、それらに使徒的規範の基本要素を付け加えた」(4)。

ここにあたって、サラニャックのエティエンヌは「使徒的規範」が意味する内容をはっきり述べ、明確に主張している。それは、最初の千年間に考えられていたこと（私有財産を放棄した共同生活）とも、また十一世紀から十二世紀に考えられていたこと（聖アウグスティヌス会則）ともまったく違ったことであった。それは今や、「馬で行かないこと。福音を説き、隣人の救済に尽くすため、金も銀も身につけずに国中をくまなく走ること。食べ物は施しで受け取るもので満足すること」(5)という意味となった。それより少し前にも無名の修道士が、「使徒的生活とは、キリストに従うためにすべてを捨てること、そして清貧の中でキリストに仕えることによってその教えを説くことにある」と、同じ意味のこと

*エティエンヌ（サラニャックの）
一二一〇頃―一二九一　ドミニコ会士。一二三〇年にリモージュのドミニコ会修道院に入り、リモージュ、トゥールーズ、ル・ピュイなどの修道院長を歴任、この間巡察使として各地を訪問した。初期のドミニコ会に関する貴重な記録を残している。

をより概括的な言葉で述べている。(6) 聖トマス*もまた「使徒的生活とは、『マタイによる福音書』第一〇章七～一〇節に、行って、『天の国は近づいた』と宣《の》べ伝えなさい、とあるように、すべてを捨てて、彼らは世界中をくまなく歩き回り、福音の教えを伝え、説いたということである」と言っている。(7)

そのおよそ五十年ほど前、正確には一二一一年、一人のシトー会修道士、ヴォー＝ド＝セルネーのピエール**が、「よき指導者の模範にしたがって勤めを果たし、福音を説くこと、謙虚にふるまうこと、金も銀も身につけずに徒歩で行くこと。要するに、あらゆる点において使徒の生活を模倣すること」(8)と、サラニャックのエティエンヌとかなり類似した表現で、「使徒的生活」のあり方を述べていた。

新しいヨーロッパの風土の中で、新しく登場した人々によって考察された「使徒の模倣」のテーマが、今まで見てきたものとは非常に異なった、斬新な思想と制度を生み出したことは明らかである。使徒的修道会すなわち托鉢修道会が出現したのはこの時期である。そのうちの四大修

＊聖トマス
トマス・アクィナス（一二二五頃－一二七四）のこと。引用は『神の礼拝と尊崇を攻撃する人々に対する論駁』の一節（原註7も参照）。

＊＊ピエール（ヴォー＝ド＝セルネーの）
一一八二頃－一二一八以降　シトー会士、年代記作者。パリ近くのヴォー・ド・セルネーのシトー会修道院に入り、院長である伯父のギイに随行して第四回十字軍、また一二一二年から一六年にかけてのアルビジョワ十字軍の成り行きを目撃。その見聞をもとに記された『アルビ派の歴史』は、記述に偏りはあるもののアルビ派弾圧の初期の経過を知る史料として貴重なものとされている。本文一二一頁以下も参照。

道会（ドミニコ会、フランシスコ会、カルメル会そしてアウグスチノ隠修士会）*は現在もなお存在している。これらの修道会は、こうした新思想の結実なのだ。

ここでは、聖ドミニコ修道会の起源を検討するにとどめ、引用する文献もそれに関係しているものだけにしよう。たしかに、聖フランシスコ修道会をとりあげることもできただろう。しかし、聖ドミニコ修道会の歴史の方が、私たちの試論が取り組んでいる運動の完全かつ明確な到達点を示す例証となっているのである。聖ドミニコ修道会が、さまざまな托鉢修道会の中で最初に正式の認可を受けたのは偶然ではない。実際、聖ドミニコ修道会は、一二一五年の創立以来、他の托鉢修道会の思想を代弁するものであったし、一二二〇年には、その思想が完全に浸透していた。その時、聖ドミニコ修道会はたった五年の歴史しかなかったが、しかし、すでにそれはきわめて重要な存在となっており、聖ドミニクスはその翌年、なんの心配もなく死ぬことができた。その後、聖ドミニコ修道会は、初期の勢いに乗じて、たちまち花開くことになる。

*ドミニコ会は一二一六年、フランシスコ会は一二二三年（口頭による認可は一二〇九年）、カルメル会は一二二六年（托鉢修道会としては一二四七年）、アウグスチノ隠修士会は一二五六年に、それぞれ教皇から公式の認可を受けている。

二　使徒的巡回の発見

聖ドミニクスは、長い経験から、律修参事会員たちによるつねに生き生きとした解釈にもとづく「使徒の模倣」の理想を知っていた。[9] オスマ*の司教座聖堂参事会——ドミニクスはそこに一一九六年から一一九七年までの間に入った——は、アウグスティヌス律修参事会として創立されてから半世紀しか経っておらず、創立時の息吹がまだ躍動していた。そこには、指導者として、優れた司教マルティン・デ・バザン**とやがて司教になる敬虔な聖堂参事会長ディエゴ・アセベス***がいた。二年後、この二人の指導者たちは、教皇から、数年来カスティリヤ王が押しつけていた在俗の相続権者の要求に対して、決定的に司教座聖堂参事会の権利を保障し、外部の干渉を排した、会則の純粋な啓示にもとづく共同生活を再開することを許可した大勅書を獲得する。

***オスマ**
現名エル・ブルゴ・デ・オスマ。マドリードの北、ブルゴスとの中間に位置する町。早くから司教座が置かれ、一一三〇年代にはその聖堂参事会に聖アウグスティヌス会則に基づく共住生活が導入され、律修参事会となった。

****マルティン・デ・バザン**
オスマ司教（在任一一八九—一二〇一）。

*****ディエゴ・アセベス**
マルティンの下でオスマの司教座聖堂参事会の会長を務めたのち、司教職を継いだ（在任一二〇一—一二〇七）。カスティリヤ王アルフォンソ八世の命によりデンマークに赴く途次、同伴していたドミニクスとともに南仏における異端の隆盛を目の当たりにし、帰国後、対カタリ派・ヴァルド派の宣教を積極的に推進した。

ドミニクスは、一二一五年までオスマの司教座聖堂参事会員という肩書を持ちつづけ、律修参事会員の理想の根本的な与件——強度の観想的祈禱生活、教会の公式典礼祈禱への愛着、共同生活への欲求、一体性への好み——に生涯忠実であった。しかし遅くとも一二〇六年、多分もっと早い時期である可能性が高いが、スペインあるいは少なくとも三年間のヨーロッパ旅行の際のどこかの地で、彼は「使徒の模倣」が新たに進展する可能性に気がついた(10)。一二〇六年の五月か六月、教皇がアルビ派に対して派遣した特使と、彼が同行していたオスマの司教との有名なモンペリエでの会見が端緒となって、ドミニクスはその新しい理想に生涯身を捧げることになった。その場面は何人かの同時代人によって語られているが、シトー会修道士ヴォー＝ド＝セルネーのピエールによる物語ほど重要なものはない。

それは、事件からわずか五年しか経っていない一二一一年に、会見の主要人物であった教皇特使の一人、シトー会大修道院長の秘書として、出来事を詳細に記述することで知られる著者によって書かれたものである。ともかく、これはドミニコ会修道院創設以前に記され、かつシトー会修道士の著作である以上、著者には『アルビ派の歴史』全体の前奏曲として語られているこの出来事の重要性を、必要以上に誇張する理由はまったくない。その記述は以下の通りである。

　さて、オスマの司教はローマ教皇庁から戻って、モンペリエに向かっていた頃、使徒の本拠地から派遣された教皇特使でありシトー会の大修道院長である尊者アルナルドゥス・アマウリクス、*シトー会修道士であるカステルノーのピエール、**ラウール***と出会った。彼らは落胆しており、自分たちに課せられた教皇特使の任務を放棄したがっていた。というのも、異端者に対する説教から、ほとんど何も得るところがなかったからである。説教をしようとするたびに、異端者たちは聖職者たちのまったく不道徳きわまりない行動を理由に拒否するというのだ。ところで、聖職者たちの生活を矯正しようとすれば、宣教を中断せねばならない。

　このように、見たところ出口のない状況において、司教は、有益

*アルナルドゥス・アマウリクス
一一六〇頃—一二二五　一二〇一年よりシトー修道院長、一二一二年よりナルボンヌ大司教。教皇インノセント三世より、カステルノーのピエールへの加勢を命じられ、教皇特使としてラングドックに着任。ピエールの殉教後はアルビジョア十字軍派遣を呼びかけ、その霊的指導者となった。

**ピエール（カステルノーの）
一二〇八没　シトー会士、殉教者。一一九九年に対アルビ派宣教のための教皇特使としてラングドックに派遣されるも任半ばで殉教、これがアルビジョア十字軍派遣の直接の引き金となった。

***ラウール
ナルボンヌに近いフォンフロワドのシトー会修道院の修道士。同じ修道院に所属するピエールを補佐した。

■聖ペトロ・聖パウロと聖ドミニクスの出会い
フラ・アンジェリコ
《聖母戴冠の祭壇画》（部分）
一四三四―三五年
ルーヴル美術館蔵

な忠告をした。彼らに、他の配慮はすべて放り出して、今まで以上の熱意をもって、宣教に取り組むように勧め、意地悪な人々の口を封じるためには、よき指導者の模範にしたがって、勤めを果たし、福音を説き（「使徒言行録」一：一）、謙虚にふるまい、金も銀も身につけず、徒歩で行くことだ（「マタイによる福音書」一〇：九）、要するに、すべてにおいて使徒の生活形態を模倣せねばならない、と助言した。しかし、教皇特使たちは、そのような革新的行動形態を受け入れたがらなかった。彼らは、もし誰かそれにふさわしいと公認された人が、そのように行動して自分たちを先導してくれるならば、喜んで使徒の生活形態を模倣するだろうと言明した。これ以上何をいうことがあるだろう。その役を、信仰心に満ちたあの方が引き受けたのである。(11)

司教の決定によって、ドミニクスが南仏の宣教に赴き、宣教についての特別な啓示を受け、九年後に修道会を作ることになることはよく知られている。「そしてこれが修道会制度の動機になった」と初期ドミニコ

会修道士たちははっきり述べている。(12)

「説教をしようとするたびに、異端者たちは聖職者たちのまったく不道徳きわまりない行動を理由に拒否する」という教皇特使の言葉によって、問題の核心に触れることができる。それは司教や教皇特使たちとともに、ドミニクスがそれ以後対峙せねばならなかった聖職者たちの生活様式の詳細を明らかにしている。

当然のことながら人々はこの一文から、南仏の聖職者たちは道徳的にまったくふしだらであり、教皇特使たちも聖職者矯正の職務を果たしていなかったという結論を引き出した。まるで、異端者たちに聖職者たちの行動を恥ずべきものと思わせないようにするためには、教会法典に適合し、貞潔、無私無欲、真摯かつ善良なカトリックの聖職者をつくれば十分であるとでもいうように……。しかし、アルビ派*は、カトリックではなく、カタリ派であり、ヴァルド派**なのである。聖職者たちをアルビ派の理想にしたがって矯正するとすれば、彼らをヴァルド派の説教師または完璧なカタリ派に変えてしまわねばならなかったろう。ヴァルド派もカタリ派も、どちらも原則的には、明白に使徒の流儀で生活している

*「アルビ派」の呼称は、前述の通り(一一五頁参照)南フランス一帯のカタリ派を指すことが多いが、時に同地方の(ヴァルド派などを含む)異端の総称としても用いられる。

**ヴァルド派
一一七〇年頃、リヨンの商人ヴァルドが回心して富を捨て、巡歴説教を始めたことに端を発する異端の一派。主として南フランスとイタリアに広がり、前者は「リヨンの貧者」、後者はロンバルディアの貧者」とも呼ばれた。一一八四年教皇ルキウス三世により異端宣告を受けるが、教義としてはカタリ派ほど正統教会と鋭く対立するものではなく、事実一二〇七年には分裂してその一部が帰正した。度重なる弾圧に勢力を殺がれつつも、現代まで命脈を保っている。

キリスト教徒だけが、使徒の教義を説教する権利を持っていると主張していたからである。その条件を満たしていなければ、教皇であれ単なる司祭であれ、誰も自分が主の使者であると称する権利はないというわけだ。しかし、アルビ派は使徒の模倣を、修道士や聖堂参事会員たちの解釈とまったく異なったものと考えていた。実際、新約聖書からは使徒を模倣するためのさまざまの方法を引き出すことができるからである。

すでに四世紀末以降、修道士の中には、シリアや聖クリュソストモス*の修道士たちのように、使徒的生活を福音伝道によく適合する形で理解している者もいた。何人かの聖職者や司教たちにとって、それは当然のことであり、また、全体のつりあいを取ることなど気にせず、カトリックや正統派的教義から離れてしまった離反者たちにとっては、なおさら自明のことだった。修道制が生まれたとき、後になって聖エピファニオス**によって「使徒的人々」と分類されることになる人たちの中には、きわめて活動的な宣教活動を使徒的理想とした人々もいる。[13] 後にはマッシリウス派、パウロ派、ブルガリアまたはボスニアのボゴミール派***、そし

*五六頁の訳註参照。自身もシリアのアンティオキア近くで隠修士として修練を積んだクリュソストモスは、修道生活を賛美する説教により多くの弟子を導いた。カッシアヌス（三四頁参照）はその一人。

**エピファニオス（サラミスの）　三一五頃―四〇三　サラミス主教、聖人。ニカイア信条に基づく正統信仰の熱烈な擁護者として知られ、主著『薬箱（パナリオン）』では、当時知られていたすべての異端の名を挙げ逐一論駁している。

***いずれも初期中世の東方教会圏に見られた異端。マッシリウス派（祈禱派）は教会の秘蹟なしでも絶え間ない祈禱により救いが得られるとの教義を唱え、四―七世紀にかけてシリア、メソポタミア、小アジアに広がった。パウロ派は、キリスト養子論とマニ教的二元論を採るアルメニア起源の異端。七―九世紀にビザンティン帝国東部

を脅かし、聖パウロを奉じたことからこの名がある。**ボゴミール派**は以上両派の影響下に十世紀のバルカン半島で興り、やはりマニ教的二元論に基づき魂の現世からの救済を説いて教会や国家と鋭く対立した。巡歴説教師や十字軍により西欧に伝播、カタリ派の発生に重要な役割を担ったとされる。

■書物の奇跡
フラ・アンジェリコ
《聖母戴冠の祭壇画》（部分）
一四三四—三五年
ルーヴル美術館蔵

て十二世紀の西欧で、ロンバルディアまたはアルビの異端者を生み出すさまざまなタイプの福音伝道者たちが、それと類似の路線をたどっていた。ところで、こうした伝統につながる使徒的人々は離反者ではなかった。十二世紀初頭のフランスの巡回説教師から十三世紀の最初の十年間の哀れなカトリック教徒にいたるまで、一連の善良なキリスト教徒たちが、教会の内部において、修道士たちの理想とまったく異なる使徒的理想を目指して生きようとしていたのである。(14)

ディエゴがモンペリエで話した「使徒の模倣」は、明らかに、十二人の使徒たちが主の導きの下で送っていた巡回生活をもとにしていた。その描写は、福音書、それもとりわけ、イエスが十二人の使徒に託した宣教の真の実践という「使命」の物語にもとづいていた。福音書は、「イエスは、自分が通る予定の場所すべてに使徒を二人ずつ組にして、彼の前に、説教をしに行かせた」(15)という。さらに、イエスはそのおり使徒たちにきわめて具体的な忠告を与えた。人々は、そこから生活を律するための完全なプログラムを作成することができたのである。その基本要素を以下に列挙する。

一、個人的「使命」、すなわち、神のお召しと委託。「使徒＝宣教師」のだれもが「わたしについて来なさい」という言葉を聞いた。そしてまた、委託を受け取り、派遣された。ここが非常に重要な点である。異端者たちは、この「使命」という要素を持っていないのである。

二、委託された職務、つまり「福音の宣教」。「時は満ち、神の国は近づいた。悔い改めて福音を信じなさい」と言われた（「マルコによる福音書」一：一五）。

三、簡潔であると同時に厳しい生活の実践、つまり「完全な清貧」。もはや「私的財産放棄」——すなわち共同体の財産で生活し、私的財産を持たないということ——ではなく、絶対的清貧が問題である。個人のものであれ共同体のものであれ、財産は一切所有しないのである。「あなたの帯の中に金貨も銀貨も銅貨も入れて行ってはならない」。パンでさえ持って歩いてはならない。旅のための袋や財布も持ってはいけない。日常の暮らしは、日々の善意と施しに任せねばならない。「明日のことを思い煩ってはならない」。したがって、食物は出会う人々、もっと正確に言えば、説教する相手の気持ちしだいとする。そして、食事はどんなものでもかまわず、すべてを受け取らねばならない。これは修道士たちの流儀から離れる重要な点である。もてなしてくれる主人を悲しませたり気詰りにさせないように、出されたものは、出されたまま食べなければならない。また、もてなしてくれる主人を変えてはならない。さらに衣服も簡素でなければならず、チュニカに限る。最後に、履物をはいてはならない。しかし、「マルコによる福音書」はサンダルをはいてもよいと明言している。また、ルカやマタイが杖を持ってはならないと言っているのに対し、マルコは許可している。マルコは他の二人よりも少々寛大なのである。こうしたわずかな矛盾が、福音書の記述がきわめて実際的な方法でのみ理解されていた時代において、福音書について議論する機会を与えることになった。

以上が使徒的生活態度に関する最初の部分であり、それは「托鉢の清貧」という言葉に要約される。

四、他の要素。「巡回」、旅をしなければならない。セナークルの人生となんという違いであろうか！　人を待っていてはいけない。町や村に、主が来られることになっているあらゆる場所、つまりは世界中に、赴かなければならない。休む間もなく、それも素早く、行かねばならない。「旅の間は誰にも挨拶をしてはならない」（移動の行程のあわただしさを意味する美しい東方的比喩）。反対にどこかに入るときには、挨拶すべきである。たまたま相手が、入るときに与える「挨拶＝やすらぎ」に値しない者だったとしても、その「やすらぎ」はそれを行なう者のもとに戻ってくる。ちょっとした使徒的損得計算だ。最後に、もしあなたを迎えるのを嫌がる人がいたら、その人に何も借りがないようにするために、あなたの靴の埃を払いなさい。かくして「旅の精神」が生まれる。「あなた方は、主人であると同時に、いきずりの人間である」。私たちは身を落ち着けることがない。そこから、「キリストのための巡回」という精神が引き出されることになる。七世紀に、聖コルンバヌス*の指導のもと多数のアイルランド人を移動させ、西欧の修道院制度を刷新させつつ、西

＊コルンバヌス　五四三頃―六一五　アイルランド出身の宣教師、聖人。五九〇年に十二人の弟子とともに大陸に渡り、フランクの王権・教会と軋轢を生じつつもアイルランドの修道制をガリアに伝えた。彼の創建になる修道院としては、ブルゴーニュのアングレー、リュクスイユ、フォンテーヌ、北イタリアのボッビオなどが有名。

欧のかなりの部分を横断させた精神である。

五、最後に、忘れてはならない要素。こうした巡回には「共同生活」の糸口がある。それは聖パウロのように、一人で行なうものではない。巡回には二人一組になって行かなければならない。たしかに、それは共同体としては大きくはない。しかし「愛徳を可能にするにはそれだけで十分だ。というのも、兄弟のように親密な愛徳を実践するには二人で足りるから」とテクスト注釈を行なう初代教会の教父たちは言っている。

これらの要素に手仕事を付け加えていないのは、理由がある。福音伝道を行なう使徒たちは、手仕事をしないというわけではない。手仕事は、完全な生活を目指す運動の真っ只中において、全員一致で支持されていた。たとえば、「より堅固な生活習慣」を持つ修道会に属する聖堂参事会員*たちは、かつて、修道会、さらに聖パウロの例に倣って、手を使って仕事をする義務が自分たちにあると思っていた。十三世紀の転換期のロンバルディアの抑謙修道会**の人々と聖フランチェスコ***の初期の仲間た

*本書九九頁を参照。具体的にはプレモントレ会などを指す。

**抑謙修道会（フミリアーティ）十二世紀後半に北イタリアの諸都市で起こった清貧主義運動。労働による自活を旨とし、主として毛織物業に従事しつつ共同生活を営

ちもそうであった。しかし、カタリ派やヴァルド派といった他の使徒的信者たちは、反対に、はっきりと手仕事を拒絶している。「いつまでもなくならないで、永遠の命に至る食べ物のために働きなさい[16]」と聖書は言う。彼らは、福音書の理想に身を捧げるものとして、ほんのわずかな部分にせよ精神的な仕事以外のことに自らの力を使うことは罪になると考えていたのである。この点に関して、これら福音主義者たちの確信はきわめて強かったので、彼らは使徒的＝労働者的信者たちとは越えがたい溝で隔てられていた[17]。

以上が、セナークルの使徒的生活とは非常に異なった「使徒的＝福音的」生活プログラムである。ドミニクスはこれを一二〇六年から実践し、ラングドッグを皮切りに、スペイン、フランスそしてイタリアにおいて、こうした生活を九年間送った。一二一四年には、少しずつ彼のまわりに集まってきた説教師のグループにも広め、最後に一二一五年に、それを自分の修道会の組織理念とすることに決めた。しかし、実現不可能とまでは言わないが、真の困難が始まるのはそこからである。

み、説教活動を行なった。一一八四年教皇ルキウス三世によってヴァルド派とともに異端宣告を受けるが、一二〇一年にはインノケンティウス三世により修道会として認可され、十六世紀まで存続した。

***フランチェスコ（アッシジの）
一一八一頃—一二二六　フランシスコ会の創設者。アッシジの裕福な商家に生まれたが、一二〇五年頃、一切の所有や家族を捨てイエスの模範に従って生きることを決意。托鉢しつつ罪の悔い改めを説き、荒廃した教会の修復にあたった。門弟が使徒と同じ十二人に達した時点でローマに赴き、教皇インノケンティウス三世より口頭で修道会としての認可を受けた（一二〇九年）。ドミニコ会が聖職者を中心に形成されたのに対し、フランチェスコの初期の弟子たちは平信徒（商人や都市貴族）の出の者が多かった。

三　修道院において巡回の理想が安定する

教会の歴史を通して、個人的職務においては、聖ドミニクス同様、福音的巡回説教師であった者の数は多い。十三世紀の転換期に、パリ近郊のヌイイのフルク*という人物がその注目すべき実例を提供している。

しかし、教会の中でこうした生活を実践することは、このような福音的タイプが、教会に反抗する聖職者たち（ブレシアのアルノルドゥス**、ローザンヌのアンリ***）、ヴァルド派のようにカトリック教会から分離した運動の信奉者たち、さらにはカタリ派教会のように激しく異端的な反カトリック運動の信奉者たちの専有物のようになってしまったせいで、半世紀来ますます困難となっていた。ドミニコ会修道院の創設から数カ月後、神に仕える新機軸としての「さまざまな修道生活」——とりわけ新タイプの使徒的宣教生活——の採用を禁じたラテラノ公会議（一二一

*フルク（ヌイイの）　一二〇一没
一一九一年にパリ近郊ヌイイの司祭となり、第四回十字軍への参加者募集に尽力するなど巡回説教師として活躍。その説教を聴き悔い改めた婦人たちのために、パリ近郊にサン＝アントワーヌ＝デ＝シャン修道院を設立した。

**アルノルドゥス（ブレシアの）
一一五三没　ブレシアの聖堂参事会員。教会の世俗化を徹底して批判、あまりに極端な改革を訴えたため、一一三九年、四八年と二度にわたり破門宣告を受けた。晩年はローマ市のコミューン運動に関係、反乱の首謀者として絞首刑に処された。

***アンリ（ローザンヌの）
一一四五以降没　ローザンヌ生まれの修道士。一一一六年に贖罪説教師としてル＝マン市に現れ、司教の許可の下に清貧の重要性を説き人気を博したが、過激な教会批

五年）の第十三条*において具体化されることになる教会の反応は、その頃すでに広く行き渡っていたのである(18)。

しかし、主たる障害はそこにあったわけではない。使徒の模倣としての巡回は、十三世紀まで、宗教界において安定した位置を確保することができなかった。まず東方から始まり、西方に広がったその試みは、百五十年間、ことごとく失敗するか逸脱してきた。それは遍歴することと修道院で生活することとの非両立性、つまり個人的に托鉢することと安定し制度化された修道院で生活することとが両立しないということが明白だったからである。

実際、旅の精神に身をゆだね、絶え間なく布教をしたいと願うだけでは十分ではない。兄弟愛に満ちた永続的組織を作りたいのなら、宣教師たちが帰ってくること、彼らが休んだり養生したり、また知識を吸収し、考察し、勉強することが必要だということを考慮しておかねばならない。他の指導者たちと同様、ドミニクスも、宗教上の勉学を無視できないわけである。

判のゆえに同市を追放され、南フランス各地を放浪。一一三五年にピサの教会会議で異端宣告を受けた後も活動を続けたが、一一四五年以降の消息は不明。

＊（第四）ラテラノ公会議の第十三条
新修道会の設立禁止を謳っている。

修練士たちの徳と知性を豊かにしなければならない。自分たちの立場にふさわしい精神を身につけさせ、祈りや宣教の方法を教えなければならない。家＝修道院もなく、組織された共同体もないという安定性を欠いた状態で、どうすればそれが可能なのだろうか。ドミニクスが相手にした使徒的異端派、とくにヴァルド派は安定した共同生活を嫌悪していた。事実、一度共同生活を認め、修道院、財産、居住を承認してしまったら、日々神の摂理に身をゆだね、自分を完全に他者にゆだね、日々清貧を保って暮らすという精神は維持できなくなる。聖フランチェスコもまた、改宗後、巡回する使徒の生活という精神に心を動かされ、その生涯を通じて、居を定めることを嫌悪することになる。彼は、誰も命令するものがなく、誰も何も持たない運動組織を作ろうとした。初期のフランシスコ会修道士たちは、たとえば洞窟のような偶然にえられる住居で生活し、もし誰かがそれを必要としたら、喜んでそれを譲らなければならなかった。私的所有物を持たず、ブルジョワ化を避けること、それこそ巡回する使徒の生活の論理にかなうものではないだろうか。

しかし、聖ドミニクスは聖職者である。彼には制度についての感覚がある。アウグティィヌス律修参事会の司教座聖堂参事会員である彼は、使徒の生活が托鉢の巡回だけではなく、セナークルの生活も含んでいたことを知っていた。また、彼はセナークルの生活をまったく恐れてはいなかった。その反対である。なぜどちらか一方を犠牲にしなければならないのだろうか。すでに述べたように、巡回する使徒という理想は、共同体の端緒を含んでいた。両者は車の両輪のようにともに進んでいかねばならないのである。

また、カタリ派のような使徒的異端の人々も、ある種の支援施設は認めていた。巡回する「完徳者たち」は、カタリ派の助祭または修道女によって維持されていた修道院で歓待を受けた。「カタリ派完徳者たち」の修道院は、所有する権利を持ち、また「完徳者たち」の布教の拠点としても役だっていた。聖ドミニクス自身も、改宗したためカタリ派の家族から捨てられ路頭に迷っていた娘たちを引き取っていたプルイユ*で、一二〇七年にこの種の機関をつくり、托鉢布教を助成しようと試みた。(19) こうしてドミニコ会の最初の修道院がつくられたのである。娘たちは財

＊プルイユ　トゥールーズの南東に位置する町。ドミニクスは一二〇七年、ここにカタリ派から回心した婦人たちの共同体を創設、これがドミニコ観想修道女会（第二会）の母胎となった。

産を受け取り、旅が終わった宣教師たちを受け入れていた。

しかし一二一五年になると、聖ドミニクスはその段階にとどまってはいない。今度は修道士とともに修道院を創設するのである。[20] 彼はトゥールーズで一つの建物をもらい受け、そこに居を定める。それは、修練士たちが滞在し、司教座聖堂参事会の神学の教師（アレクサンドル・スタヴァンスビィという名前がちゃんと残っている）のもとにドミニクスが連れていく学生たちが勉強し、宣教師たちが布教の合間に休息するセナークルになる。事実、一般に「トゥールーズ布教場創設勅許状」と呼ばれている文書では、修行したり、力を回復したり、病気の治療をしたりするさまざまの人々を修道院の中に受け入れることを想定している。司教は、必需品や書物の購入を援助するため、彼らに司教区の十分の一税の一部を与えることにした。同時に、司教区の勢力拡大のため布教するという使命も与えた。

こうして修道士たちは、生活全般にわたって使徒を模倣することとなった。セナークルでも家の中でも、学び、休息し、典礼祈禱を行ない

（というのも、通りがかり、布教をおこなう使徒たちは、ミサや公開の祈禱によって神を賛え、その仲介役となるものでもあったから）、兄弟愛に満ちた共同生活を送る使徒たちを……。また彼らは、旅の仕方、使う言葉、日々自己を神の摂理に委ねることに関して、使徒を模倣する。一二二二年頃に、ボローニャで初期ドミニコ会士を見たヴィトリのヤコーブス*は、彼らを「聖堂参事会員＝宣教師」であると述べることになる。[21]ほとんどその通りだった。早くも一二一五年、ラテラノ公会議の第十三条を満たすため、ドミニコ会を聖堂参事会の伝統にしたがった古典的形式で、はっきりと登録するようインノケンティウス三世**から求められる以前に、ドミニクスは、托鉢・使徒的な巡回布教生活と律修参事会員的なセナークル生活を結合させていた。となるとその頃から、彼は使徒的共同体という昔の理想と、巡回することという新しい理想を統合していたのではないだろうか。

しかし、もっと詳細にみてみなければならない。両者はお互い簡単には結びつかない。両者の不連続性は著しくさえある。それは、一二一七

*ヤコーブス（ヴィトリの）
一一七〇頃―一二四〇　アコンの司教、説教師。一二一三年、教皇からアルビジョア十字軍のための説教師に指名され、フランス・ドイツ各地で活躍。その名声により一二一六年アコンの司教となり、一二二八年には枢機卿に任ぜられた。

**インノケンティウス三世
一一六〇頃―一二一六　ローマ教皇。一一九八年、三八歳の若さで教皇となり、皇帝選出への干渉、第四回十字軍の派遣、異端・新修道院対策など、数々の難しい局面で辣腕を揮った。

年に裂け目の存在を明らかにすることになる一つないし二つの出来事を引合いに出すまでもなく、ドミニコ会士が、相次いで実践しなければならない二種類の清貧の性格が非常に異なっていることに注目すれば明らかである。一つは、私有財産は放棄するが、修道院の中で共有財産を享受するというもの。もう一つは、布教しつつ行なう托鉢である。たしかに一二一五年には、生計をたてる手段として司教から司教区の十分の一税の三分の一の半分、すなわち十分の一税のうち、教会法が伝統的に貧者のために確保していた部分の半分しか受けとってはいなかった。修道士たちは貧者として扱われており、彼らが受け取っていたものは、まさに、彼らが神の御言葉というパンを与えていた信者たちから差し出されたものであった。さらに、司教の創設勅許状には、この定期的贈与を施し物（不定期の贈物）であるとの外見を与えるため、数多くの細かな規定が記載されていた。それでもやはりこの贈与が、定期的で確実な資金源、収入である事実はかわらない。となると日々自己を神の摂理に委ねるという精神はどうなるのだろうか。同じ頃、かつて聖ドミニクスによって改宗させられたヴァルド派の人々——カトリックの貧者たち*——は、[22]

＊一二〇七年、オスマ司教ディエゴとドミニクスは、トゥールーズ南方のパミエでヴァルド派の指導者フエスカのドゥランドゥスと公開討論を行ない説得に成功するが、彼らはなおも正統信仰に抵触しない範囲での活動の続行を教皇に願い出て認められた。彼らは「リヨンの貧者たち」と区別して「カトリックの貧者たち」と呼ばれた。

彼の目前でまったく異なる明らかな形でその勤めを果たしていた。

「私たちは世俗を捨てた」。ヴァルド派は一二〇八～一二一二年に教皇によって認可された生活信条の中で述べている。「私たちは主の助言にしたがい、私たちが所有しているものを貧しい者に与えた。そして私たちは、明日について思い煩うことのないよう、また衣服および毎日の食料以外、いかなる人からも金、銀、それに類するものを受け取らないよう、貧者であることを決意した」[23]。

だからドミニクスは別の手段をさがす[24]。一二二〇年、まずパリとボローニャで試み、ローマで討議し、教皇に承認された後、彼は最初の総会において「托鉢修道制」を採用した。毎日、二人の神父が修道院を出て、家から家へ托鉢をする。そして修道院は、托鉢によってえられた食料で養われる。したがって、修道院も旅に出る宣教師と同じ精神で生きることになる。修道院は、毎日神の摂理によって与えられるものを待つ。ドミニコ会の起源には、托鉢修道制に関する、きわめて感動的ないくつかの情景を記述した物語が残っている。ここにその一つ、列聖手続きの過程で、同会の会計係が率直に語ったものがある。修道院に何も食べるものがなくなったある日、慌てたその会計係は、ドミニクスに言いに来た。「食事の鐘をならしても無駄です。食卓に出すものが何もないのですから」。ドミニクスは言った。「それでも修道士たちを召集しなさい」。みんなは食卓に集まり、祝福を与える。ドミニクスは祈りを続ける。すると、食堂の入口に二人の立派な若者があらわれた。彼らは中に入り、各々の修道士の前に黄金色に輝くパンをおいた。夕食には十分だった。これが、フラ・アンジェリコ*が何度も繰り返し描いたあの有名な天使の食事のエピソードである。

しかし、聖ドミニクスの托鉢の情景は、さらにいっそう感動的ではないだろうか。北イタリアの小さな村ドゥリオロで、ある朝、彼は、托鉢をしながら家から家を訪れていた。一人の男が、彼にパンを一本丸ごと与えた。ドミニクスは、ひざまずいて受け取った[25]。当時彼は、教会の中で名声の絶頂にあり、教皇ホノリウス三世**、ウゴリーノ枢機卿***をはじめ、たくさんの高位聖職者の友人であり、教皇庁の目にはかつて彼が参加したアルビ派に対する戦いと同じくらい重大だと思われていた北イタリア

***フラ・アンジェリコ**
一三七八／一四〇〇―一四五五
初期ルネサンスを代表する画家。ドミニコ会士。一四一八―二〇年頃、フィレンツェ北郊の町フィエーゾレのサン・ドメニコ修道院に入り、一四三〇年代から本格的に活動を開始。フィレンツェのサン・マルコ修道院に移った後、一四五〇年から五二年にかけてフィエーゾレに戻り、修道院長を務めた。敬虔な画風と高潔な人格から「フラ・アンジェリコ（天使のような修道士）」の名で呼ばれる。

****ホノリウス三世** 一二二七没
一二一六年、インノケンティウス三世の後を継いで教皇となり、基本的に前教皇の政策を踏襲。フランシスコ会、ドミニコ会、カルメル会の会則を認可するなど、托鉢修道会の活動に理解を示した。

＊＊＊ウゴリーノ枢機卿
一一七〇頃―一二四一　後の教皇グレゴリウス九世（在位一二二七―四一）。インノケンティウス三世の遠縁にあたり、やはり内外ともに同教皇以来の路線を踏襲したが、対俗権では皇帝フリードリヒ二世との確執が激化、二度にわたり破門を宣告した。異端対策として一二三三年、フランシスコ会とドミニコ会から異端尋問の担当官を常時任命することを決定、またフランチェスコ、ドミニコを列聖するなど、托鉢修道会の発展を後押しした。

■修道士にパンを供する天使たち
フラ・アンジェリコ
《聖母戴冠の祭壇画》（部分）
一四三四―三五年
ルーヴル美術館蔵

での活動を刷新するため、教皇によって派遣されていた人物である。そんな神の偉大な僕《しもべ》、修道会の創設者は、見知らぬ男がパンを一本丸ごとくれたという理由で、ひざまずくのだ。

それが基本理念だったので、修道会創設から五年後の一二二〇年五月、ドミニクスは会の第一会憲に次の言葉「いかなる種類の定収も所有物もない」だけを記載させた。手仕事をするなど論外である。ドミニクスは、アルビ派同様、はっきりとそう述べた。そうなると生き延びるための手段として、信者からの不確かな施し以外、何が残るのだろうか。そこで托鉢修道会が創設された。確固とした共同生活を送る団体でありながら、日々自己を神の摂理に委ねる巡回説教師でもある修道会である。ドミニクスは修道士たちに、その実践を活性化し、生活態度を教化するため、福音書に描かれている真の伝道師たちという模範的イメージを提示した。それは一二二〇年の修道会会憲にはっきりと指摘されている。

その章において、私たちは使徒の生活の二つの部分が出会い、結合する決定的な瞬間に立ち会うことになる。元気を回復し、知識を新たにして、修道院の中で吸収した活力と権威を備えて、宣教師が教会の伝道に出発する時に……。

［ドミニコ］会士たちは、布教のため修道院を離れねばならないとき、小修道院長から、彼らの習慣および体面にふさわしいと判断された旅の道連れを与えられる。そして、祝福を受ける。それから出発し、いたるところで、自分たちの救済と同胞の救済をもたらそうと努める人間として、宗教心を持って、この上なく立派にふるまうことになる。彼らは、救世主にしたがい、神と共に語ったり、使徒たち同士や隣人と共に、神について語ったりする福音書の人々と同様、疑わしい人々との交わりは避けるであろう。そして、布教の務めを果たすために出かけるときも、他の理由で旅に出るときも、彼らは金貨も銀貨も小銭も身につけることはない。また食料、衣服その他の必需品と書物以外は、いかなる贈り物も受け取らない。布教の職務や勉学に派遣される者は誰でも、委託された精神的職務をより自由に遂行できるようにするために、世俗の任務や仕事を引き受けては

ならない。もっとも、たまたまそれらの仕事に従事する人が見つからない場合は、仕方がないだろう。というのも、ときおり世俗の一時的心配事に煩わされることも悪くはないからだ。(26)

四　使徒の模倣、使徒的修道会の形態

それぞれ起源となる時代が違い、相互に無関係で、異なった多くの歴史的伝統によって支えられているばらばらな諸要素を総合するにあたっては、大きな困難が存在した。修道会の創設とそれを記述するテクストの見かけの単純さが、そうした困難を隠蔽するようなことがあってはならない。使徒的修道会の先史は、その後の歴史と同様、この問題の重要性を際立たせるのに十分である。

見たところ、最初の托鉢修道会の創始者は、おそらく彼が戦っていた異端者たちに対抗するつもりで、聖堂参事会の観想生活——これは聖職

者の生活と修道院の生活のアマルガム――に托鉢の布教の生活をつけ加え、どちらかといえば不調和なアマルガム、「偶然による本質」（*ens per accidens*）を構成してしまったという印象を持つのは避け難い。たとえば先に引用したサラニャックのエティエンヌの小冊子で、聖ドミニクスがベネディクトゥス、アウグスティヌス、そして使徒たちの規範の威光を身につけ、それを義務を上回る行為によってさらに拡充したと褒め讃えてさえいるのを読むと、そういう気になる。[27]

とくに、そうした不調和なアマルガムが持つさまざまの困難を乗り越えるため、ドミニクスが制度そのものの安定性を揺るがすように見える次の二規則を次々とつくらねばならなかったことを考えると……。すなわちまず、よりよく勉学や魂の救済に取り組むために必要だと判断したら、修道士たちをその義務から解放できるという権限を修道院長に与えるという特免規則、また、ドミニクスの死後に発表されたが、明確に彼の意志にもとづくものであった、規律によって課せられるのは罪という罰ではなく、贖罪*の罰だけであるという規則[28]である。

また、托鉢修道会士たちの生活を構成している往々にして相反する諸

＊贖罪（贖い）とは、罪によって神から遠のいた状態にある人間を、イエスの死と復活を通して神がその愛ゆえに解放して自分のものとし、また自分と一致させることで、「救い」でもある。

要素が、彼らの心理構制、体力、時間に関して、最初から不断に争いつづけていることを見抜けない者がいるだろうか。たしかに、この戦いは不可避なものというわけでない。別の角度から見れば、これらの諸要素がお互いに相手を必要とし、補完し合うものだということを指摘するのは困難ではないからだ。

しかし、托鉢修道会、とくに聖ドミニコ会修道院によって十三世紀に実現されたタイプが、本質的かつ深いところで統一性を欠いているのではないかというこうした疑問に対する真の解答は、別のところにある。聖ドミニコ会の創設の起源、およびそのさまざまな段階に立ち戻ってみると、その本質的統一性の根拠（この語の完全な意味での）が難なく明らかとなるのである。会の創立を支えた創造的要素は、創設者の心理の中では、使徒の模倣という福音的なテーマについて絶え間なく繰り返される瞑想、そしてそうした理想が持つ完全性によりよく合致しようとする強固な意志ではなかったろうか。グレゴリウス九世は、友人であるドミニクスを列聖してはどうかと言われた時、次のように言う。「私は、彼の中に、使徒たちの規範を十全に実現している人間を認めた。私は、彼が天上で使徒たちと共にあることを疑わない」[29]。

ところで、創設者の意図の中に主観的統一性の根拠があるのと同様に、彼が目指した目的の中には統一性の客観的形式がある。それは、使徒たちが現実に存在したということである。使徒の規範という名の下に、修道士、聖堂参事会員また托鉢修道会士が次々と模倣しようと努めたさまざまの活動は、十二人の使徒たちによって、彼らの個人的運命として事実上統一されていた。聖書について瞑想し、つねに使徒たちへのキリストの言葉に立ち帰ることによって、托鉢修道会士は、使徒たちの生活様式の六つの基本要素——兄弟愛に満ちた一体性[30]、日々の自己放棄にまで押し進められた清貧[31]、聖堂で公開かつ集団で行なう祈禱[32]、個人で行なう激しい祈禱[33]、疲れを知らない巡回[34]、そして救済の福音宣教[35]——を統一する啓示を絶えず新たにする方法をえていたのである。

抽象化したり、長々と考えたりする必要はなかった。本書の冒頭で触れた使徒たちのさまざまの偉大な姿は、托鉢修道会士の想像力の中でたやすく思い描かれ、その心の中に生きていた。そうした使徒たちのイメージによって、そうしたいくつかの要素は、それぞれ互いにいかなる矛盾もなく、托鉢修道会士たちに与えられる。彼らに統一性を提示するのは、死んだテクストではなく、かつて生きられ、今なお生き続けている使徒たちという実例であり、卓越した指導者たちの存在である。そして、彼らの混淆した諸イメージは、最後には「福音伝道者として彼らがその後にしたがう」主、救世主イエス・キリストのイメージのなかに溶け合っていく。

したがって、十三世紀初頭に聖ドミニコ会士が開いた托鉢宣教修道会にふさわしい唯一の呼称――唯一の定義と言ったほうがいいかもしれない――は、使徒的修道会だと思われる。この表現によってのみ、ドミニコ会士たちを駆り立て、数世紀に渡ってその制度を構成するさまざまの要素を集め、さらにそれらの生きた源と統一性の本質的起源を聖書の中から提供してきたのは、福音の原理――「使徒的生活」――であると、はっきり示すことができるだろう。

本試論の最後にあたって、初期ドミニコ会に関するいくつかの物語を紹介し、彼らの使徒の模倣の結末である聖ドミニコ会士の福音主義の特徴を明らかにすれば、感動的であっただろう。[36] それは単に、托鉢、日々の神の摂理に自己を委ねること、共同生活における修道士たち相互の愛徳と一体性、神の王国および神の平和の宣教における寛大さといった素朴な情景ではなく、福音書を読み進んでいく過程で、つねに耳に響いてくる純粋でかつ新鮮な共鳴である神の召命、着衣式という最後の瞬間の物語である。修道士の生活は、使徒の模倣の中にしかその意味と統一性を持っていない。そして、使徒の模倣は、修道士たちを福音によって光輝かせる。

この試論も終わりに来た。私たちは、教会史を通じて、使徒の模倣という福音主義的テーマが持つ豊かさを、うかがい知ることができたように思われる。長い光の航跡を追っていた間に、教会における聖職者の歴史、完徳をめざす運動の歴史の全面から、いくつか影の瞬間が浮かび上がってきた。「使徒言行録」の四節、そして福音書の十ほどの節を文献学的に細かく分析し、さらにはそれらについて瞑想したとしても、それらが持つ豊かさの全体像は、前もって想像することはできなかっただろう。教会の歴史は、福音書に関して人が与えることができるもっとも豊かで生き生きとした注釈である。現実は、とくにそれが、非常な寛容性をもって、神の御言葉を生きよう、ふたたび生きようと努めている真のキリスト教徒たちの巨大な一団についての現実であるとき、注釈者たち——いかに学識があり、信仰心があつかったとしても——の想像をはるかに超えているのではないだろうか。

このテーマの解釈は豊かであった。だが、それはそうした解釈が必ずしも真実であることを意味しなかった。それには、おそらく驚かれたであろう。しかし間違いだからといって、ある考え方が実り少ないというわけではなかった。カッシアヌスによる修道院制度の歴史に関する間違い、グレゴリウス改革時代の聖堂参事会の歴史に関する完璧な間違い、修道士、聖堂参事会員、托鉢修道会士がエルサレムの初期キリスト教徒の生活、または初代教会全体から生まれたという間違った考え……。たしかに、不用意に普遍化し、それを絶対的原理とするには、「使徒言行録」の節はあまりに簡潔すぎるし、また使徒たちに任務を命じる際にイ

エスが与えた教えは、あまりに個別的すぎる。聖トマスは、すでに十三世紀にそう表明していた。(37)

さらに注釈学者は、初期キリスト教徒たちは彼らの財産を共有してはいなかったこと、キリストと使徒たちは、十三世紀のドミニコ会士のように家から家へと托鉢してはいなかったこと、初期フランシスコ会士のようにいつも裸足で歩きはしなかったことを、ずっと以前から知っている。(38)

となると、こうした宗教家たちは皆間違っている、彼らを生みだし、育て、鼓舞した使徒的理想は、教会の中につねにはっきりとした根拠を持っている制度を構築しなかった、それればかりではなく、そうした制度に所属する者たちは自らの啓示の主たる源をもはや使徒の模倣のテーマに求めてはならない、と言わねばならないのだろうか。十二世紀初頭の修道士や聖堂参事会員との論争における、在俗聖職者たちの説明に立ち戻り、使徒を模倣する方法は一つしかない、すなわち、説教をし、洗礼を行ない、使徒たちと同じように犠牲を捧げること、あるいは高位聖職者であれば、キリスト教徒たちを指導することだ、と言わねばならないのだろうか。

この歴史から、明白に、次の結論が生まれると思われる。すなわち、その存在全体を通して、教会は、使徒たちの職務、あまりにも手垢がついた言葉のもっとも高潔な意味における「使徒の務め」を正当かつキリスト教的に、つまりは豊かな方法で行なうためには、同時に生活についての確かな戒律（会則）を実践しようと努めなければならないと考えてきたということである。いかなるレヴェルであれ、使徒たちの行為を正当に継承するためには、イエス自身が使徒たちに忠告や命令を与えた時の態度を保持しなければならない。ある者たちは、ある身分となること、すなわち誓いによってそれを保持し、他のものは、ある行為をいくども繰り返すという方法によってそれを保持する。しかし、在俗であろうと修道院に入っていようと、聖職者はすべて、福音書における師（イエス）と使徒のように、何かを望むのであれば、それに忠実でなければならない。「自ら実践することを教え、教えることを実践する」のである。「使徒の務め」は、もしイエスの使徒になりたいのであれば、「使徒の生活」を送ることを求めている。そしてこの使徒の生活は、使徒の職務を受け取っていない一般の人々にも、きわめて大きな価値がある。それは、彼らに対しても、完璧さを教える学校として役に立つ。それはキリスト教的完璧さを教える古典的学校なのである。

したがって、同じテクストに関して絶え間なく繰り返されてきた瞑想において、修道士、聖堂参事会員、そして使徒的修道士たちは、単に間違っていたわけではない。彼らは、いくつかの歴史上あるいは注釈学上の訂正を受けさえすれば、基本的には、われらが主イエス・キリストの職務と同様に、完璧さ（完徳）にいたるための学校を構成するいくつかの決定的要素にたどり着いていたのである。

原註

序章　使徒の生活

1　「ペトロの手紙一」五：三、「テサロニケの信徒への手紙二」三：九。

第一章　修道士

1　「フィリピの信徒への手紙」二：一―五（一体性、キリストの模倣）、三：一七（パウロの模倣）。

2　*Liber de natura et dignitate amoris*, ch. IX, *PL*, 184, c. 395 B-396 D. 一一二二年、サン＝ティエリ修道院にて執筆。

3　*Hist. eccl.*, L. II, ch. XVII, éd. Bardy, Paris 1952, p. 72-77. エウセビオスが要約し注釈をつけた*De vita contemplativa*のいくつかの節がConybeare版（Oxford 1895）に収録されている。

4　*Ibid.*, L. II, ch. XVII, 1 et 9, éd. Bardy, p. 72 et 74. オリゲネスとエウセビオスにおける使徒的苦行者のテーマについては、Spætling, p.21s. を参照。

5　*De viris illustribus*, *PL*, 23, c. 654 et 658.

6　*Institution coenobiorum*, L. II, ch. V, *PL*, 49, c. 84-88. 四一九年から四二六年にかけて執筆。

7　*Collationum XXIV collectio*, coll. XVIII, *PL*, 49, c. 1094 B-1100 A. 四二六年から四二八年にかけて執筆。Olphe-Galliard, c.232を参照。

8　*Exordium Magnum cisterciense*, ch. II et III, *PL*, 185, c. 997-999.

9　*De Vita vere apostolica*, ch. IV, *PL*, 170, c. 643-653. Martène はいくつかの理由によりこの論文をドイツのルーペルトの著作としていた。Dereine は、オータンのホノリウスと考え、他の人々はドイツ修道院の近くのブルンヴィーラース Brunwylers の修道士だとしている。いずれの説も絶対的というわけではない。

10　«Ordo noster qui primus fuit in Ecclesia, imo a quo coepit Ecclesia... cujus Apostoli institutores... inchoatores extiterunt», *Apologia ad Guillelmum Sti. Theodorici*, ch. X, 24, *PL*, 182, c. 912 BC. 使徒の生活（*Vita apostolica*）については *Sermones de diversis*, 22, 2; 27, 3; 37, 7; *In Cantica Sermo* 85,12, *PL*, 183, c. 515 D; 613 C; 642 CD; 1193 D.

11　*Historia calamitatum*, ch. 7, *PL*, 178, c.131 D; *Theologia*, l. II, PL, 178, c. 1179 B およびとりわけ 1180 BC を参照。

12　これらのテーマに関しては、Leclercq, p. 170; Bacht, p. 66; Auf der Maur, p. 174 を参照。

13　これが上記論文における Bacht の全体的テーマである。

14　*Vita Antonii*, ch. II, *PG*, 26, c. 842-846.

15　K. Heussi が *Der Ursprung des Mönchtums*, Tubingen 1936 においてこれをはっきりと否定していたが、Th. Lefort は *Rev. d'hist. ecclésiastique*, t. 33, 1937, p. 345 s. において激しく反論している。

16　Th. Lefort, *Les vies coptes de S. Pachôme et de ses premiers successeurs*, Louvain 1943, p. 3. Cf. p.186, 268, 269, 323.

17　*Liber Horseisius*, éd. A. Boon, dans *Pachomiana latina*, Louvain 1932, p. 142. nº 40. ここで「使徒言行録」（四：三二以下）が引用されている。

18　Lefort, *Les vies coptes* ..., p. 268 s.

19 2e *Catéchèse de Théodore*, dans Th. Lefort, *Œuvres de S. Pachôme et de ses disciples, Scriptores coptici*, t. 24, Louvain 1956, p. 38. また p. 41 も参照。

20 これはまさに Siegwart が p. 237 で強調していることである。しかしながら、テオドロスが「使徒の生活」というテーマを最初に作った、もしくは先人の文献を明確な思想を持って読み返したとしても、そうすることで彼が先人の思想を根本的に改竄したことにはならない。

21 H. Bacht, *Antonius u. Pachomius, von der Anachorese zum Cönobitentum*, dans *Studia Anselmiana*, t. 38, 1956, p. 92 à 97.

22 «Vir tam in docendo quam in signa faciendo apostolicae gratiae», *De viris illustribus*, ch. VII, éd. Chshing et Richardson, Leipzig 1896, p. 63. パコミオスの戒律が聖書からの引用をしていないのは、その表現方法の問題であって、その理念を受け継いでいないということではない。

23 Leclercq による引用（p.87 *s*）。

24 Leclercq, p. 96 と n. 6, 51 も参照。

25 *Sermones de diversis. Sermo* 37, 7, *PL*, 183, c. 642 CD; *Sermo* 27,3, *PL*, 183, c. 613 C., *In Cantica Sermo* 85, 12, *PL*, 183, c. 1193 D.

26 *De disciplina claustrali*, ch. II, *PL*, 202, c. 1101 D -1102 C.

27 *Sermo* 22, 2, *PL*, 183, c. 595 D -596 A.

28 Coll., 15, ch. 6, *PL*, 49, c. 1003 A; ch.1, c. 990 A も参照。

29 註22を参照。

30 *Dialog.*, L. II, ch. 32, *PL*, 66, c.188 C. また ch. 7, c. 146 AB も参照。

31 *Ep.* L, *ad Domnionem*, 4, *PL*, 22, c. 514; *Contra Vigilantium Liber*, *PL*, 23, c. 367 A. またグラテ

ィアヌス（ch. 3, XVI, q. 1）にも再掲。これは«Monachus non doctoris sed plangentis habet officium, qui vel se, vel mundum lugeat et Domini pavidus praestoletur adventum.»という著名な文である。ただしヒエロニュムスはいつもその助言に従ったわけではない、とAuf der Maurは述べている（p. 117, n. 3）。

32 Auf der Maur, p. 110-114, 130-134, 177-182.

33 Auf der Maur, p. 11 et 178.

34 キュロスのテオドレトスの『教会史』（Théodoret, *Hist. Eccl.*, 5, 31, éd. Parmentier, p.330s）によれば、クリュソストモスは、ゴート人に福音を伝えるための修道士を貸してくれるようアンキュラのレオンティオスに頼んだ際にこの表現を用いたという。Auf der Maur, p130 s参照。「使徒的世界観＝完全な生活の典型」については、同上書、p.87-92, 130 s, 169 s およびE. T. Bettencourt, *L'idéal religieux de S. Antonie*, dans *St. Anselmiana*, t. 38, 1956, p. 46 et n.3を参照。

35 *Epist.*, L. III, 243, *PG*, 79, c. 496 D. あわせて*Ep.*, L.II, 103, *PG*, 79, c. 245 BCも参照。

36 L. M. Dewailly, *Note sur l'histoire de l'adjectif: Apostolique*, dans *Mélanges de science religieuse*, t.5, 1946, p. 141-152.

37 Auf der Maur, p. 143, n. 10 et 11. だがクリュソストモスにとっては、こうした生活態度は福音化を内包している（p. 147, n. 5）

38 Mansi, t. XX, c. 934. あわせてt. XVI, q. 1, c. ex auctも参照。

39 Hugues de Rouen, *Dial.*, L. VI, 4, PL, 192, c.1219 B.

40 Leclercq, p. 99.

41 Eusèbe, *Hist. Eccl.* L. II, ch. 23, 4.

42 「コリントの信徒への手紙二」六：五および一一：二七。

43 「マタイによる福音書」九：一五。また「使徒言行録」七：二一、一三：二―三、一四：二二、二七：九、三三も参照。
44 Leclercq, p. 100.
45 Leclercq, p. 100 et 101.
46 Leclercq, p. 101.
47 『ベネディクトゥス戒律』四八章。修道士の手仕事についてはSiegwart, p. 242-244を参照。
48 *Regula monachorum*, ch. 5, *PL*, 83, c. 873 B.
49 *Collatio* XXIV, 26, *PL*, 49, c. 1320 C -1328 C.
50 *De disciplina claustrali*, ch.II, *PL*, 202, c. 1102 D.
51 *Casus Monasterii Petrishusensis*, ch. 11, dans *Die Chronik des Klosters Petershausen*, éd. Feger, Lindau- Constance, 1956, p. 26.「使徒言行録」からの引用は、二：四四―四七、四：三二、三七以下、および五：一三。

第二章　聖堂参事会員

1 「創世記」一九：一七―二三。ソドムを滅ぼすことを決めたヤハウェはロトに山に逃げるよう言ったが、ロトは恐れて、平地、セゴール（ツォアル）の一角に留まった。
2 バイエルンのロッテンブーフ聖堂宛の教皇勅書（一〇九二年一月二八日付、*PL*, 151, c. 338BD）。この箇所は先行するサン＝リュフ聖堂宛の勅書の引き写しにあたるようである。Ch. Dereine, *L'elaboration du statut canonique des chanoines réguliers, spécialement sous Urbain II*, dans *Rev. d'hist. eccl.* t. 46, 1951. このテクストの重要性についてはp. 547, n.1を参照。

3 ナルボンヌのサン＝ポール聖堂、ボーヴェのサン＝カンタン聖堂、〔セプティマニアの〕マゲロンヌ聖堂。また彼の後継者たちはマンド、プレモントレ、〔バイエルンの〕ベルヒテスガーデンのためにこの表現を使うことになる。DEREINE, *Statut canonique*, p.549.

4 *PL*, 151, c. 535 D - 536B. DEREINE, *Statut canonique*, p. 546, n. 2.

5 Faux pseudo-isidorien, *PL*, 130, c. 137 B - 140 D. 後に述べるように、この手紙はその起源からずっと、善良なキリスト教徒、とくに聖職者たちの間では共同生活がなされつづけてきたと指摘するだけではなく、ウルバニス二世が始めたという制度「清貧の誓い」についても触れている（c. 140 A）。ウルバニス二世が「制度」という言葉を使っているのはそのためである。

6 *Sermons* 355 et 356. PL, 39, c. 1568-1581.

7 *Lettres à Héliodore*, *PL*, *22*, c. 347-355; *à Népotien*, c. 527-540; *à Rusticus*, c. 1072-1085.

8 Éd. des Mauristes, L. XI, *ép.* 64. 問題の手紙は *PL*, 77, c. 1184 B にある。この手紙が提起する問題ならびに聖グレゴリウスの答えの真実性については、SIEGWART, p. 31, n. 1 参照。

9 Qu. 1. Éd. FRIEDBERG, t. I, p. 676-686.

10 DEREINE, *Chanoines* et SIEGWART.

11 SIEGWART, p. 26-31.

12 SIEGWART, p. 66-68, 252.

13 *Mon. Germ. hist.*, SS. XXX, p. 944-945.

14 九六六年以降、修道士に対して司教座聖堂参事会員が自らの独自性をはっきりと意識するようになったのは、トリーアとアーヘンにおいてである。SIEGWART, p. 252.

15 DEREINE, *Chanoines*, c. 355 s; BARDY, LE BRASS, etc., *Prêtres d'hier et d'aujourd'hui*, Paris 1954,

16 p. 53-61.
Mon. Germ. hist., Concilia II, 1, p. 307-395. 聖アウグスティヌスの二つの説教についてはもうすぐ論ずることになる。三五章と一〇八章（p. 356とp. 382）に引用されているユリアヌス・ポメリウスのテクスト（L. II, ch. 9 et 12）は、聖なる司教たちに倣って、聖職者たちもその私的財産を放棄するよう求めている。

17 *Ibidem*, p.395 et p. 397. 後者は一一五章、本来の戒律の第一番目にあたる。これらは司教座聖堂参事会員が教会財産とともに私的財産も保持することをはっきりと許可している。

18 クロデガングの会則については、E. MORHAIN, *Origine et histoire de la regula canonicorum de S. Chrodegang*, dans *Miscellanea Pio Paschini*, I, Rome 1948, p. 175を参照。アーヘンのそれについては一一五章の «Non a cavendis vitiis et amplectantibus virtutibus [canonicorum] a monachorum distare debet vita.» を参照。

19 同会則三〇章を参照。

20 同会則三一章を参照。

21 J. ZEILLER, *Les légendes apostoliques* [de la Gaule], dans V. CARRIÉRE, *Introd. aux études d'hist. ecclésiast. locale*, t. III, Paris 1936, p. 31-40.

22 E. DELARUELLE, *En relisant le «De institutione regia» de Jonas d'Orléans*, dans *Mélanges Halphen*, Paris 1951, p. 185-192.

23 アーヘンの会則の一一二章、一一三章を参照。*Mon. Germ. hist., Concilia*, II, 1, p. 385-395.

24 DEREINE, *Chanoines*, c.356s. すでにMANDONNET-VICAIRE, t. II, p.103-119でも述べられている聖アウグスティヌスの共同生活については、SIEGWART, p. 16-23; p. 22, n. 5を参照。

25 *Décrétales pseudo-isidoriennes*, éd. HINSCHIUS, Leipzig 1863, p. 65.

26 *Ibid.*, p. 143 et 145.

27 *Gesta Abbatum Gemblacensium, Mon. Germ. hist.*, SS, t. VIII, p. 511.

28 Siegwart, p. 251; Dereine, *Vie commune*, p. 366, n. 1.

29 *Collectio canonum*, éd. F. Thaner, t. I, Innsbrück 1906, p. 362-364.

30 Siegwart, p. 151-156.

31 *Fundatio eccl. Hildensemensis, Mon. Germ. hist.*, SS. t. XXX, II P., c. 945.

32 Siegwart, p. 252 s.

33 しかし、いくつかは指摘されている。Siegwart, p. 164s., 249-252; Ch. Dereine, *La «vita apostolica» dans l'ordre canonial du IXe au XIe siècle*, dans *Revue Mabillon*, LI, 1961, p. 47-53.

34 当時の他の表現を以下に挙げておく。*Ordo ecclesiae sub apostolis; Apostolicae vitae normae; Apostolica vivendi forma; Vita primitivae ecclesiae; Vita nascentis eccl.; Formula apostolica; Schola primitivae eccl.; Perfectio quam apostoli observare studuerunt; Tenera lactantis ecclesiae infantia; Primordia eccl.; Sanctiones Patrum.*

35 G. Miccoli, *«Ecclesiae primitivae forma»*, dans *Studi Medievali*, t. I, 1960, p. 470-498.

36 Werminghoff, dans *Neues Archiv.*, t. 27, 1902, p. 669. また Mandonnet-Vicaire, t. II, p.168 も参照。

37 O. Hannemann, *Die Kanonikerregeln Chrodegangs von Metz u. der Aachener Synode von 816 u. das Verhältnis Gregors VII*, Greifswald, 1914, p. 66 は、一〇五九年の法典から引用されたテクスト（Mansi, t. XIX, c. 873C; 898B; 908B）«ut ad apostolicam, scilicet communem, vitam pervenire studeant» に誤りがあるのを証明した。«apostolicam, secundum communionem, vitam» と読まねばならない。

38 Siegwart, p. 254. また p. 149 と p. 155 s も参照。

39 SIEGWART, p. 257.

40 Petrus Damiani, *Contra clericos regulares proprietarios, Op.* XIV, *PL*, 145, c. 486A et 487A.

41 SIEGWART, p. 255, n. 2 et p. 256 ss.

42 この問題についての私たちの最初の発表（MANDONNET-VICAIRE, t.II, p. 121-162）は一九三八年以来長年にわたって議論され、修正され、補完されてきた。近年の指摘としてはSIEGWART, p. 258-261がある。書簡二一一と*l'ordo monasterii*が本物でなくても、男性の手によって筆写された戒律は本物であろう。

43 Éd. DE BRUYNE, *Rev. Bénédictine*, t. 42, 1930, p.320.

44 Éd. Martène, De antiquis ecclesiae ritibus, t. III, Anvers 1737 (in-F°), p.323.

45 Éd. DE BRUYNE, p. 320.

46 *Op. XXIV*, *PL*, 145, c. 487 D.

47 *Op.cit.*, c. 488 B et 490 AB.

48 PETRUS DAMIANI, *op.cit.*, c. 490 BC.

49 CH. DEREINE, *L'elaboration du statut canonique des chanoines réguliers, spécialement sous Urbain II*, dans *Rev. d'hist. eccl.* t. 46, 1951., p.558 sにあるリストを参照。

50 *Contra Vigilantium Liber*, *PL*, 23, c. 367 A. また第1章註31も参照。

51 *Altercatio monachi et clerici, quod liceat monacho praedicare*, *PL*, 170, c. 537C.

52 *De vita vere apostolica*, l. II, ch. XV, *PL*, 170, c. 631D - 632B.

53 *Coutumier du XIe s. de l'ordre de S. Luf...*, éd. A. CARRIER DE BELLEUSE, Sherbrooke 1950, p. 97. これはすでにシャルトルのイヴォが一〇九一年にその有名な手紙の中で擁護している意見である。DEREINE, *Statut canonique*, p. 544s参照。教皇ウルバニス二世は完全にこの意見に賛成していたわけではない。彼は修道士たちの修道会と聖堂参事会員の修道会を同じレベルのものと考えていたからである。

第三章　托鉢修道会士（ドミニコ会士）

1 C. Douais, *Les manuscrits du château de Merville*, dans *Annales du Midi*, 1890, p185.

2 「ドミニコ会聖務日課書」（*Bréviare O. P.*）、八月四日、第二宵課第一唱句。

3 *Legenda aurea*, éd. Graesse, Dresden 1846, p. 466.

4 *De quatuor in quibus...*, éd. Kæppeli, *Mon. ord. Praed. hist.* t. XXII, Rome 1949, p. 8-9.

5 *Ibid.*

6 *Tractatus de approbatione ord. Fr. Praed.*, éd. Kæppeli, dans *Archi. Fr. Praed.*, t. 6, 1936, p. 145.

7 *Contra impugnantes Dei cultum et religionem*, éd. Mandonnet, ch. 4, Paris, 1927, p. 47.

8 *Historia Albigensis*, éd. P. Guébin et E. Lyon, t. I, Paris, 1926, n° 21.

9 Vicaire, *Histoire de S. Dominique*（以下HSDと略示）, p. 91 -98 et 101-105.

10 HSD, I, p. 119-125 et 160-168.

11 *Historia Albigensis*, éd. P. Guébin et E. Lyon, t. I, Paris, 1926, n° 21.

12 Étienne de Bourbon, *Anecdotes historiques*, etc., extraites par A. Lecoy de La Marche, paris 1877, n° 83. またn° 251も参照。

13 L. Spætling, p. 3-35; Siegwart, p. 236.

14 Spætling, p. 43-47.

15 「ルカによる福音書」一〇：一―一六（九：一―六も参照）、「マタイによる福音書」一〇：五―一六、「マルコによる福音書」三：七―一三。

16 「ヨハネによる福音書」（六：二七）、「朽ちる食べ物のためではなく、いつまでもなくならないで、永遠の命に至る食べ物のために働きなさい」。

17 G. Gonnet, *Waldensia*, dans *Rev. d'his. et de philos. religieuses*, t. 33, 1953, p. 219, 223 s., 230.

18 HSD, II, p. 270.

19 HSD, I, p. 241 ss., p. 248. 一二一九—二〇年にはマドリードでも同様の試みが見られた。
HSD, II, p. 122.

20 HSD, I, p. 332-351.

21 Mandonnet-Vicaire, t. I, p. 231-247.

22 HSD, II, p. 96-98. ナバラのヨアネスの反抗。

23 J. B. Pierron, *Die Katholischen Armen*, Fribourg-en-Br. 1911, p. 173, 176, 179s.

24 HSD, II, p. 145, 160 s., 175 s., 218-222.

25 *Processus canonisationis Bononiensis*, éd. Walz, *Mon. ord. Praed. hist.*, t. XVI, Rome 1935, n° 42.

26 *Premières Constitutions*, IIe dist., ch. XXXI, dans Vicaire, *S. Dominique de Caleruega*, Paris 1955, p. 179 s.

27 *Supra*, p. 68, n. 2.

28 HSD, II, p. 207-210.

29 Jourdain de Saxe, *Libellus de principiis O. Pr.*, éd. Scheeben, *Mon. Ord. Praed. hist.*, t. XVI, Rome 1935, n° 125.

30 「使徒言行録」四：三二。

31 「マタイによる福音書」一〇：九以下と六：三四。

32 「使徒言行録」二：四六、三：一、六：四。

33 「使徒言行録」一：一四、二：四二。

34 「マルコによる福音書」六：六—一三。

35 「マタイによる福音書」一〇：七以下。

36 Vicaire, *L'évangélisme des premiers fr. Prêcheurs*, dans *La vie spirituelle*, t. 76, 1947, p. 264-277.

37 イエスが使徒たちを布教に赴かせる際に、彼らに与えたさまざまの指示は普遍化できるものではない。それらはまず、⑴「譲歩」と考えられる。イエスは、使徒たちが布教に行くにあたって、何も持たず、信者たちに養われることを許可した。しかし、聖パウロのように食べ物を買う代金を持っていくことは罪ではなく、望ましい行為であった。もしくはまた「ルカによる福音書」（二二：三五）によれば、受難の後に廃棄された。また⑵「一時的規定」とも考えられる。ここからは次のような結論が導かれる。「それ自体として徳の必要〔性〕にかかわらない事柄においては、全面的に自己の判断に委ねられるべき、完全な自由の時がすでに来ている」«Jam imminebat enim tempus perfectae libertatis, ut totaliter suo dimitterentur arbitrio, in his quae secundum se non pertinent ad necessitatem virtutis.»（*Summa theol.*, Ia IIae, quest. 108, art. 2, ad 2um）。このように使徒に対する狂信は批判されるが、それはドミニコ会の使徒的会則に対する批判ではない。聖トマスも*Contra impugnantes*のような論争的作品ばかりではなく、その生活によっても、使徒的会則に対する愛着を明らかにしている。

38 Thomas de Sutton, o.p. の結論「靴をはかずに歩くことは良い苦行ではあるが、福音的もしくは使徒的完全性に属するものではない」（*Contra aemulos fr. O. Pr.*, dans *Arch. Fr. Pr.*, t. 3, 1933, p. 77）を参照のこと。

原著参考文献

「使徒的生活」というテーマの歴史的重要性は、今日では多くの人々に認知されている。著者は一九三七年にこのテーマを扱った小論を発表しているが（左記の一覧を参照）、それ以降、研究は目覚ましい進展を遂げた。本書は、そうした成果を踏まえつつ、著者自身によるさらなる研究成果も加味して、この問題に新たな光をあてようとしたものである。

この一覧には、本文の註においてしばしば参照を指示した文献を掲げている。紙幅の関係もあり〔原書では原註は脚注形式で示されている〕、註の中ではこれらの文献について、著者名のみを示すにとどめた（ただし同じ著者に複数の文献がある場合にはタイトルに含まれるキーワードを添えた）ことをお断りしておく。

Amand, D., *L'ascèse monastique de S. Basile. Essai historique*, Mardesous, 1949, p. 128-129.

Auf der Maur, I., *Mönchtum u. Glaubensverkündigung in den Schriften Des Hl. Johannes Chrysostomus*, Fribourg 1959, p.75; 143, n. 10 et 11; 147 et n. 5-10; 174 et n. 3 et 4.

Bacht, H., *Heimweh nach der Urkirche. Zur Wesensdeutung des frühchristlichen Mönchtums*, dans *Liturgie u. Mönchtum*, N.S. t. 7, 1950, p. 64-78.

Dereine, Ch., *Vie commune, règle de S. Augustin et chanoines réguliers au XIe siècle*, dans *Rev. d'hist. ecclésiastique*, t. XLI, 1946, p. 365-406.

—— Le problème de la vie commune chez les canonistes, d'Anselme de Lucques à Gratien, dans Studi Gregoriani, t. III, Rome 1948, p. 287-298.

—— Article *Chanoines*, dns *Dict. d'hist. et de géogr. ecclésiastiques*, t. XII, c. 353-405, spéclt 377.

—— *Les chanoines réguliers au diocèse de Liège avant saint Norbert*, Bruxelles 1952, p. 15-32.

Dickinson, J. C., *The origins of the Austins canons and their introduction into England*, Londres 1950, p. 52-58.

Leclercq, J., *La vie parfaite*, Paris 1948, p .82-105.

Morin, G., *L'idéal monastique et la vie chrétienne des premiers jours*, 5e éd., Paris 1931, p.66-68.

Moureaux, A., *La vie apostolique, à propos de Rupert de Deutz*, dans *Rev. lit. et monast.*, t. 21, 1936, p. 71-78; 125-141; 264-276.

Olphe-Galliard, M., article *Cassien*, dans *Dict. de Spiritualité*, t. II, c. 232.

Siegwart, J., *Die Chorherren- u. Chorfrauengemeinschaften in der deutschsprachigen Schweiz von 6. Jahrh. Bis 1160*, Fribourg 1962, p. 231-256.

Spaethling, L., *De apostolicis, pseudo apostolis, apostolinis*, Munich 1947, p. 20-24 et 43-110.

Vicaire, M.-H., *La règle de sanit Augustin maîtresse de vie apostolique*, dans Mandonnet-Vicaire, *S. Dominique, l'idée, l'homme et l'œuvre*, Paris 1937, t. II, p. 167-202.

—— *Histoire de S. Dominique*, Paris 1958, t. I, p. 95-98; 160-168; 190; 340-345; t. II, p. 221; 228-232.

邦訳参考文献

邦訳にあたり参考にした文献のうち、主なものを以下に掲げる。

Verheijen, Luc, *La Règle de Saint Augustin*, I. Tradition Manuscrite, II. Recherches Histoiques, *Etudes Augustiniennes*, 1967.

—— *Saint Augustine's Monasticism in the Light of Acts 4. 32-35*, The Saint Augustine Lecture 1975, Villanova Univeresity Press, 1979.

Lawless, George, OSA, *Augustine of Hippo and His Monastic Rule*, Clarendon Press, Oxford, 1987.

今野國雄「聖堂参事会の改革運動」（一　聖堂参事会運動に関する諸問題、二　聖アウグスティヌス会則の成立について）『西欧中世の社会と教会』、岩波書店、一九七三年

徳田直広「アウグスティヌスの修道制の成立」『愛知県立芸術大学紀要』第一一号、一九八一年

——「アウグスティヌス修道院規則に関する覚書」『ローマ・アフリカ文化交流史の研究成果報告書』、名古屋大学、一九八二年

竹島幸一「聖アウグスティヌス戒律」『聖カタリナ女子大学研究紀要』第四号、一九九二年
篠塚茂訳「アウグスティヌス『修道規則』」『中世思想原典集成　四』、平凡社、一九九三年
岡崎敦「パリ司教座聖堂参事会の形成（九―十二世紀）―司教・参事会文書の検討一」、九州大学文学部『史淵』第百二十二輯、一九八五年
K・エッサー（伊能哲大訳）『フランシスコ会の始まり―歴史が語る小さき兄弟会の初期理念』、新世社、一九九三年
朝倉文市『修道院―禁欲と観想の中世』、講談社現代新書、一九九五年
K・S・フランク（戸田聡訳）『修道院の歴史―砂漠の隠者からテゼ共同体まで』、教文館、二〇〇二年
J・B・オコンノー（M・ペレス訳）『聖ドミニコとその偉業』、中央出版社、一九五〇年
J・G・バリエス編『星に輝く使徒』、中央出版社、一九六九年
M・D・ポアンスネ（岳野慶作訳）『聖ドミニコ―説教者修道会の創立者』、中央出版社、一九八二年
武田教子『聖ドミニコの生涯』、聖ドミニコ学園、一九九二年

【付録】

メッス司教
クロデガングによる
司教座聖堂参事会会則

―*Regula Canonicorum* 試訳―

（梅津教孝訳）

本訳は、『史学雑誌』第92編第10号（1983年）に掲載されたものである。本書に再録するにあたり、誤植や現在の目から見て不適切な訳語について見直しを行なったが、それらは必要最低限にとどめ、初出時の姿をできる限り残そうとした。そのため、固有名詞や聖書の書名表記等、本編と異なる点があるが、上記の事情から、これらの点につき御理解をいただきたい。（梅津）

ここに邦訳を試みた司教座聖堂参事会会則（以下、参事会会則とのみ記する）は、メッス司教クロデガング Chrodegang がその町の司教座聖堂参事会のために、七五五／七五六年に著わしたものである。

クロデガングに関する史料は数が少ない。同時代史料としてはパウルス・ディアコヌス Paulus Diaconus が、クロデガングの次代の司教アンギルラムヌス Angilramnus の依頼に応じて著わした「メッス司教列伝」（Gesta episcoporum Mettensium）がほとんど唯一あげられるにすぎない。それによれば、彼はフランク族の中でも有力家系の出身であり、シャルル・マルテル Charles Martel の宮廷で養育され、その文書局の長をつとめたのち、カロリング初代の王ペパン Pepin によってメッス司教に任じられており、王家に最も近い人物の一人であった(1)。さらに七五三年には、ペパンによってローマへ派遣され、教皇ステファヌス二世 Stephanus II をフランクへ連れて来ている(2)。この教皇ステファヌス二世の七五三年から七五五年にかけてのフランク滞在は、王国の教会政策にとって重大な転機となった。ペパン、その子シャルルマーニュ Charlemagne、そしてルイ Louis le Pieux によって推進されることになる典礼改革(3)が、この滞在を契機として開始されたからである。カロリング諸王は、それまで私的な形でフランクに伝えられていたローマ式典礼を、王権によって公的に導入し、以て全フランクの教会の典礼の統一をはかったのである。

この典礼改革の出発点においてクロデガングの果たした役割は、重要なものであったと考えられる。既に述べたように、典礼改革の契機となった教皇ステファヌス二世をフランクへ連れて来たのが彼であり、同じくパウルス・ディアコヌスによれば、彼はローマの典礼聖歌を初めてメッスに導入し、[4] 改革の具体的な活動を行なっているのである。また、クラウザー Th. Klauser がパリの国立図書館の写本の中から発見し、クロデガングによるものであると推定、発表したメッスの指定参詣聖堂のリスト[5]は、細部にたってローマの組織を模倣していると言われている。[6] さらに、同じくクラウザーやヴォジェル C. Vogel は、ペパンの典礼改革の最初の成果と考えられている「八世紀のゲラシアーヌス」Gelasien du VIIIe siècle と呼ばれる典礼書の編集を、ルーアン司教レメディウス Remedius あるいはこのクロデガングに帰しているのである。[7] そして、エーヴィッヒ E. Ewig は、典礼改革と密接な関係にあったものの一つとして参事会会則をあげており、さらに、クロデガングは典礼改革によって、「ゲルマンの使徒」と呼ばれたボニファティウス Bonifatius を凌駕したと言っている。[8]

従って、ボニファティウスなきあとの、典礼改革を中心とするペパンの教会政策の理解のためにはクロデガングの研究が重要な課題である。とりわけ、参事会会則は典礼改革との関係上、そして、これがクロデガングの残したほとんど唯一の史料であるということから、この分析は必要不可欠な作業であると思われる。本稿はその手始めとして、参事会会則の邦訳を行ない、以後の作業の基礎とすることを意図したものである。

参事会会則に関する論文としては、オッカール Hocquard の一九六七年のものが、筆者の知る最新のものである。[9] 以下オッカールに拠って、手写本、版について略述しておきたい。[10] 彼は現在まで伝えられている手写本を、その性格に従って四つに分類している。

［一］原初テクスト

B：ベルン本（ベルン市図書館所蔵）*Bernensis* 289, f° 1r-15v
九世紀の写本で、おそらくメッスの司教座聖堂参事会のためのものであったと思われる。伝わっているのは、全三四章のうち、第九章から第三一章までである。

L¹：ライデン本（一）（ライデン大学図書館所蔵）*Codex Vossianus Latinus* 94, f° 8r-16r
来歴は不明であるが、九世紀から一〇世紀のものと考えられている、全三四章と目次が伝えられているが、序章はない。

［二］原初テクストに非常に近い校訂本

V：ヴァティカン本（一）（ローマ、ヴァティカン図書館所蔵）*Codex Palatinus* 555, f° 1r-79r
九―一〇世紀。クロデガングの次代の司教アンギルラムヌスによる付加をもつ。序章、目次、三四章全部を伝えている。

［三］メッス以外でも使われるようにした改訂本

L²：ライデン本（二）（ライデン図書館所蔵）*Codex Latinus* 81
一〇世紀。序章、目次、三四章全部を伝えている。

［四］鼠入本

パリ本　*Parisienis* 155, f° 113v-149r　十世紀

ヴァティカン本（二）　*Vaticanus* 5775, f° 4r-46v　一一―一二世紀
これら二つの手写本は、序章を伝えてはいるが、章数は八六となっている。

ブリュッセル本　*Codex Bruxellensis 8558-63.*　一一—一二世紀
八四章からなる。一〇五五年にエグセター司教となったレオフリク Leofric によってイングランドへ伝えられたものと考えられている。

これらの手写本をもとにして、これまで様々な版が公けにされてきた。その中で、現在最も良いとされているのがペルト J. B. Pelt の版である。(11) 彼はそのテクストを L^1 により、それに B と L^2 を参照している。V は使用していない。従ってオッカールによれば、これも十分とは言い難く、彼は手写本 L^1、B、V、L^2 によって新たな版を作ることを提唱している。(12)

凡例

一　テクストは、Pelt (J. -B), *Etudes sur la cathédrale de Metz. La liturgie I (Ve-XIIIe siècle)*, Metz, 1937, pp. 7-28. に拠った。
二　邦訳は直訳を心がけたが、訳者自身が補った語には〔　〕を付した。また代名詞が頻出し、そのままでは文意をたどることが困難と思われる場合には、（　）内に該当する語を入れた。
三　ペルト版においてイタリックで記されている部分には、「　」を付した。
四　ペルトによる註は省略した。聖書からの引用の指示については、ペルトはこれを註におくっているが、本試訳では（　）を付して本文に入れた。

五　序章と第一章との間には目次があるが、これは各章のタイトルと重複するので省略した。

註

1 Paulus Diaconus, *Gesta episcoporum Mettensium* (*MGH., SS.*, II, hrsg. von G. H. Pertz, Hannover, 1829, Neudruck, Stuttgart, 1963, p.267) : Iam hinc vir egregius et omnibus praeconiis efferendus, Chrodegangus antistes eligitur, ex pago Hasbaniensi oriundus, patre Sigramno, matre Landrada, Francorum ex genere primae nobilitatis progenitus. Hic in palatio maioris Karoli ab ipso enutritus, eiusdemque referendarius extitit, ac demum Pippini regis temporibus pontificale decus promeruit.

2 Ibid., p. 268: Cumque esset in omnibus locuples, a Pippino rege omnique Francorum caetu singulariter electus, Romam directus est, Stephanumque venerabilem papam, ut cunctorum vota anhelabant, ad Gallias evocavit. Vgl. Hauck (A.) , *Kirchengeschichte Deutschlands,* Bd. II, 4. Aufl., Leipzig, 1912. SS. 17 ff.

3 Vgl. Klauser (Th.), Die liturgischen Austauschbeziehungen zwischen der römischen und der fränkisch-deutschen Kirche vom 8. bis zum 11. Jahrhundert, in *Historisches Jahrbuch,* Bd. LIII (1933), SS. 169-189（以下これをKlauser (Th.), Die liturgischen Austauschbeziehungenと略記する）; Andrieu (M.), *Les Ordines Romani du haut Moyen Age,* t. II, Louvain, 1948, réimp. 1971, pp. XVII-XLIX ; Vogel (C.), Les échanges liturgiques entre Rome et les pays francs jusqu'à l'époque de Charlemagne, in *Settimane di studio del centro italiano di studi sull'alto medioevo, VII, Le chiese nei regni dell'Europa occidentale e i loro rapporti con Roma sino all'800,* t. I, Spoleto, 1960, pp.185-295（以下これをVogel

(C.), Les échanges liturgiques と略記する)；Idem, La réforme cultuelle sous Pépin le Bref et sous Charlemagne, in Patzelt (E.), *Die karolingische Renaissance*, 2. Aufl., Graz, 1965, SS. 171-242（以下これをVogel (C.), La réforme cultuelle と略記する)。

4 Paulus Diaconus, *op. cit.*, p.268 : Ipsumque clerum abundanter lege divina Romanaque imbutum cantilena, morem atque ordinem Romanae ecclesiae servare praecepit, quod usque ad id tempus in Mettensi ecclesia factum minime fuit.

5 この手写本とは Paris, Bibl. Nat. Cod. 268 である。Cf. Klauser (Th.) et Bour (R. S.), Notes sur l'ancienne liturgie de Metz et sur ses églises antérieures à l'an mil, dans *l'Annuaire de la Société d'Histoire et d'Archéologie de Lorraine*, t.XXXVIII (1929), pp. 494-510 ; Klauser (Th.), Eine Stationsliste der Metzer Kirche aus dem 8. Jh., wahrscheinlich ein Werk Chrodegangs, in *Ephemerides liturgicae*, vol. XLIV (1930), pp.162-193.

6 Vogel (C.), La réforme cultuelle, p.192.

7 Klauser (Th.), Die liturgischen Austauschbeziehungen, SS.176f. ; Vogel (C.), La réforme cultuelle, pp.190-192.「八世紀のゲラシアーヌム」については Andrieu (M.), Quelques rémarques sur le classement des Sacramentaires, in *Jahrbuch für Liturgiewissenschaft*, Bd. XI (1931), SS.55f. ; Klauser (Th.), *Die liturgischen Austauschbeziehungen*, SS.173-177 ; Bishop (E.), La réforme liturgique de Charlemagne, in *Ephemerides liturgicae*, vol. XLV (1931), pp.192 sq.; Vogel (C.), Les échanges liturgiques, pp.237-246 ; Idem, La réforme cultuelle, pp.186-195 ; Barré (H.) et Deshusses (J.), A la recherche du missel d'Alcuin, in *Ephemerides liturgicae*, vol. LXXXII (1968), pp. 7 sq. を参照。なお「八世紀のゲラシアーヌム」が、ペパンによる典礼改革とは無関係であるという説も存在する。

Vgl. Gamber (K.), *Missa Romensis,* Regensburg, 1970, SS.122-128 ; Idem, *Sacramentarium gelasianum mixtum,* Regensburg, 1973, SS.5-13.

8 Ewig (E.), Saint Chrodegang et la réforme de l'Eglise franque, dans *Saint Chrodegang,* Metz, 1967, p.39.

9 Hocquard (G.), La Règle de saint Chrodegang. Etat de quelques questions, dans *Saint Chrodegang,* pp.55-90.

10 *Ibid.,* pp.58-63.

11 Pelt (J.-B.), *Etudes sur la cathédrale de Metz. La liturgie I (Ve-XIIIe siècle),* Metz, 1937, pp.7-28.

12 Hocquard (G.), *art. cit.,* p.62, n.34.

司教座聖堂参事会会則

序章

いと敬虔にして清明なるピピヌス王の御世に、(1) 神の僕の僕、メッスの町の司教クロデガングス。

もし仮に、三一八人と、その他の聖なる父たちのカノンの権威が存続しており、聖職者と司教が、彼らの正しさの規範に従って生活していたならば、かくも秩序正しく処置されたこのことについて、何事かが新たに論じられたり、あたかも何か新しい事であるかのように言われるのは、確かに、卑小な私たちに(2) とって不要なことと思われたであろう。しかし、牧者たちとそれに従う者たちの怠慢があまりに増大した今、このような重大な危機の中にいる私たちは、なさねばならない限りではないにしても、なし得る限り、神の霊感によって、私たちの聖職者を正しい道に導

●——1
参事会会則には、これが作成された年代は明記されていない。しかし、この記述によって、これがペパンの王即位年である七五一年から、クロデガングの没年である七六八年までの間に作成されたことがわかる。参事会会則の作成年代推定にあたって問題になっているのは、七五五年七月に開催され、その序文の中に参事会会則と同主旨のものが見られるヴェール教会会議との前後関係である。オッカールはヴェール教会会議を先と考え、参事会会則の作成年代を七五五／五六年と推定している。Cf. Hocquard (G.), art. cit., pp.64-68.

●——2
参事会会則では一人称の数が単数の場合と複数の場合とがあり、一定していない。一人称複数は尊称であるとも考えられるが、そうではないと

き戻す以外に、何をしなければならないと言うのであろうか。

従って、確かに私はふさわしくない者ではあるが、この司教の座を得、司牧の務めという私の責任に注意を払い始めて、聖職者と信徒とが非常に大いなる怠慢に陥ったことを知ったので、私は打ち拉がれ、なすべきことを求め始めた。しかし、神の御助力によって支えられ、霊友たちの慰めによって助けられ、必要に促されて、それによって聖職者が禁じられた事から自らを抑え、悪習を捨て、長い間行なわれていた悪事を完全に放棄する小さい規則を作ろうと私は思った。これは、慣習となった悪習から心が解き放たれた時、良い事、そして一層良い事がより容易に〔心に〕植えつけられるようにするためである。

さて、聖書に支えられて、私たちは、全員が聖務と朗読に心をひとつにして務め、カノンの規定が求めているように、その司教と司教座聖堂参事会長[3]とに従順であるよう心がけ、愛徳によって結ばれ良い熱情によって沸きたち、愛によって結ばれて、争い事や躓き、あるいは憎悪から遠くにあるように定める。彼らの牧者が誰であれ、その者は、悪習を抑えるために非常に徹底した霊的導きを行なわねばならない。そして、悪

思われる場合もあり確定し難い。ここでは字義通り、単数の場合は「私」、複数の場合は「私たち」と訳しておいた。

●――3
praepositusという語が使われるのはここだけである。以後はこれに代わってproirが使われる。

習が現われ始めるのに応じて、彼はできる限り、これを徹底的に取り除くことを急がねばならない。そして以下に示された形式に従って、人間の悪習にとって必要なことを彼らに示す責を負わねばならない。また、これは牧者の中の牧者であり、生者と死者の裁き手であるキリストが、裁きのため、最後の恐るべき日に、その御陵威の座に、全ての民と彼らの罪を論ずるために座られ、全ての聖職者が彼（キリスト）の啓示された面を見る時、仮に私たちが、「よくやった。良い忠実な僕よ」（マタイ伝、二五章、20）という言葉を、至高の牧者たちや、与えられた才能と多くの霊的美点の故に彼らに委ねられた群れとともに、聞くことはできないにしても、少なくとも罪の赦しが完全に与えられるということが認められるようにである。なぜならば、明白なことであるが、罪の赦しが完全に認められている人々には〔天の〕王国の入口は拒まれないからである。また、天国において何らかの取り分を持つことになる〔現在は〕不幸な人は、裁かれ得ないからである。しかし、なし得る限りにおいて、生命の価値に従い、現世において可能な時に、このために熱心に働こうと努める者たちには、そこ（天国）で相続分が与えられる。

従って、私たちは、なさねばならないことの全てができるわけではないのだから、私たちのなし得る限り、このことに専心しよう。そして、私たちの生活は、しばらくの間は痛悔の中で苦いものとなるのであろう。それは、現在はまだ緩やかで未来のものである神の罰が、のちに復讐へと激化することがないようにするためである。

第一章　謙遜の段階について(4)

聖書は私たちに次のように叫んでいる。「自らを高くする者は全て低くされ、自らを低くする者は高くされるであろう」（ルカ伝、一四章、11）。そして、あなたが低くなればなるほど、栄光である高みはあなたに従うのであり、「神は高ぶる者を斥けられるのであるから、へり下る者に恵みを賜うのである」（ヤコブ書、四章、6）。「全て心に高ぶる者は、神の前に穢れた者である」（箴言、一六章、5）。誰であれ高ぶる者をあなたが見れば、悪魔の子がいることを疑ってはならない。そして誰か低い者を認めたなら、神の子［がいること］をあなたは完全に信じなければなら

●――4
冒頭部は『ベネディクトゥス戒律』第七章の冒頭とほとんど同一であるが、その後は完全に異なっている。Cf. Vogüé (A. de) et Neufville (J.), *La Regle de saint Benoit*（以下これを*RB.*と略記する）t.I, Paris, 1972, cap.VII, p.472.

ない。彼らが私たちの魂を謙遜の愛へと誘い、私たちが、憎むべき、そして神に敵する高ぶりを遠ざけることができるように、私たちは多くの事の中から僅かの事を語ろう。というのも、キリスト教徒である全ての人類、即ち全ての民は、謙遜をもつことがふさわしいのであり、とりわけ神の奉仕によって結びついた者たちが、謙遜を捨て去り、高慢の、即ち悪魔の暴政に与することは、あまりにも不正なことであり、そして憎むべきことなのだからである。従って、悪魔の誘惑によって、今まで、顔つきから高慢、あるいは傲岸なものとして生きてきた者が、以後、神の御助力によって、謙遜と愛徳、あるいは服従とによって、または神のその他の良い命令によって蘇生することが必要である。なぜならば、謙遜によってキリストと共に天の王国を享受する事の方が、悪魔に与して、高慢の故に、その他の者たちと共に永遠に地獄へ投げこまれることよりはるかに良い事だからである。

第二章　司教座聖堂参事会《コングレガティオ・カノニコールム》の秩序について[5]

参事会員《カノニキ》は、次のようにして彼らの位階を保たなければならない。彼らはローマの教会による正統かつ神聖な制度に従い、まことに全ての場所で、即ち、教会、あるいはどこであれ彼らが一堂に集まり、条件が適当な所で、彼らの位階において品級を受ける。しかし、何らかの理由によって、司教がより高い位階に任じた者たち、あるいは位階を下げた者たちはこの限りではない。残りの全ての者たちは、既に述べたように、品級を受けた通りにその位階を守らなければならない。従って、下位の者は彼らの上位者を尊敬し、上位者は下位の者を神において愛さねばならない。彼らの名前を呼ぶ者は聖なる教会、即ち、使徒の座の定めに従って、それが何であれ、最初にその職務の位階を付して、その名前を呼ばねばならない。どこであれ、聖職者が互いに出会った場合には、下位の者が頭をさげ、上位者に祝福を請わねばならない。そして、座っていた場合には、上位者が通りかかると下位の者は立ち上がり、上位者に席を譲らねばならない。そして上位者が命ずるのでなければ下位の者は一緒に座ることはできない。これは〔聖書に〕書かれてあることが行なわ

5 Cf. *RB*, t.II, Paris, 1972, cap.XLII, pp. 642-646. なお、以後は司教座聖堂参事会は単に参事会、または司教座聖堂参事会員は参事会員とのみ記す。

れるためである。「進んで互いに尊敬し合いなさい」（ローマ書、一二章、10）。

少年あるいは青年は、礼拝堂、あるいは食卓においては、規律をもって彼らの位階を守らなければならない。また、外にあってはどこであれ、自制をもって規律としなければならない。

第三章　参事会員居住域《クラウストゥルム》内では、全員が一緒に眠るべきこと(6)

私たちは以下のことを定めた。参事会員は全員が一緒に寝室で眠るという定めのもとに、神の御助力によって生活しなければならない。ただし、司教が、理に適うと思われるところに従って許可を与える者は、この限りではない。これらの者は、この参事会員居住域内に散在する住居ごとに分かれて、一つの寝台に一人が眠らねばならない。そして寝室におけると同様に分かれて眠るのである。下位の者が神に従って行動するように、上位者が配慮するという良い配慮のために、彼らは上位者の間で眠らねばならない。

●——6
『ベネディクトゥス戒律』第二二章と同じ文、同じ句が二カ所にあらわれるが、全体に異なる内容をもつ。Cf. *RB*, t.II, cap.XXII, pp.540-542.

必要がある場合にはその限りではないのだが、もし聖職者の料理人がいない場合、そしてその仕事がある場合には、俗人の料理人が料理のためにのみ〔居住域内へ〕入ることができる。しかし、仕事が終われば、その料理人はすぐ外へ出なければならない。

そして、これらの住居を通じて、参事会員たちは、彼らの司教の許可なしに、彼らの〔ために仕える〕いかなる聖職者ももつことはできない。そして、司教がこれをもつことを許可した場合には、神、司教、そしてその手のもとに参事会《コングレガティオ》を治めている者たちに、不快な気持を与えないように、謙遜と神への畏れとをもって、彼らの生活が営まれねばならない。そして、もし彼らがそのようにしなかった場合には、頭に立つ者は、あるいは彼らを破門し、あるいは彼らは体罰を受けねばならない。

同居住域内には、いかなる女性も、またいかなる俗人男性も入ってはならない。わずかに、司教、大助祭、あるいはプリミケリウス(7)が、〔彼らを〕招いた場合は別である。彼らは食事のために食堂へ来るが、食堂の前では武器をはずさねばならない。そして食堂から出るとすぐに居住域の外へ連れ出されなければならない。そして、もし作業を行なう必要

●──7
大助祭の下にあって、彼を補助する者。→補注[1]参照。

がある場合には、俗人男性はそこへ入ることができる。そして、そこで彼の作業をなし終えると、その者は大急ぎで外へ出なければならない。そして、参事会《コングレガティオ》へ入っている聖職者、あるいは同地の居住域内で、彼らの司教の命令によって上位者たちに仕えている聖職者たち以外は、聖職者も俗人も、同居住域の住居内で、飲食をしてはならない。そして既に述べたように、この聖職者のうち、同居住域内で、〔彼らに仕える〕聖職者をもつ者は、その者が衣とその他の祭服をもち、各主日、あるいはその他の祝日に、神の教会でそれを着て、その品級にあるように監督しなければならない。

第四章　終課、あるいは沈黙について

この参事会《コングレガティオ》に属している全ての聖職者は、終課に来なければならず、実際、いつでも夜になると、終課のための最初の合図が鳴り響かなければならない。そしてまず、このために定められているその合図が聞こえると、彼らはどこにいても、すぐに彼らの居住域へ来なければならない。

そして、再びこの合図を聞くと、続いて全員が聖ステファアヌスの教会内(8)へ入り、それから神の御名において終課を唱えねばならない。

そして終課が唱えられると、その後は、翌日の定められた時間まで飲食してはならない。そして全員は沈黙を守り、いかなる者も翌朝第一時課が唱えられるまで、必要もないのに他の者と話をしてはならない。〔話をする場合には〕その声が隣にある住居から聞かれないように大きな注意を払い、押し殺した声で〔話さねばならない〕。

そして彼らのうちで終課にいなかった者は、その後その夜を通じて、その門を叩くことは許されず、彼ら（その他の者たち）が夜課のために来る以前には、いかなる所を通っても居住域内へ入ることは許されない。そして、大助祭もプリミケリウスも守門も、夜課〔に来るため〕以外には、終課の後、誰かがそこへ入るためのいかなる通行許可も、このののち与えてはならない。そうではなく、このような事件がおこった場合には、大助祭、あるいはプリミケリウス、あるいはその時その事について監督していた者は、その司教に対して、どのような原因によってこの事件が生じたのかを述べることができなければならない。そして必要な場合に

●―8
メッスの司教座聖堂。この教会堂は、四一五年から四五一年の間に建てられた礼拝堂をその基礎とする、四五一年のフン族のメッス浸入によって、それまで郊外にあった司教座がこの礼拝堂へ移り、以後これが司教座聖堂となった。司教ヴィリクス Villicus（在位五五二―五五七年）と、ペトルス（在位五七八（？）―五八七年）のもとで全体にわたって再建され、クロデガングのもとでも整備が行われていた。Cf. Klauser (Th.) et Rour (R.S.), art. cit., pp.24-34.

は、彼ら（参事会員）は出入りの許可を得なければならない。

そして終課の後に、何らかの理由によって居住域内へ知らせる必要が生じた場合には、〔知らせを持って来た者は〕聖ステファヌス〔教会〕の聖堂納室係《クストス》(9)のもとへ行かねばならない。そして聖堂納室係は、このことを居住域内へ知らせねばならない。

あってはならないことなのであるが、同聖職者のうちのある者が、終課の前に町へ来るか、あるいはそれ以前に同地にいたおり、ある晩、居住域内ではなく、市内のどこかに留まるというほどに、悪魔の誘惑によって厚かましく、あるいは高慢で、あるいは怠慢である場合には、その者がこれをただ一度だけなし、悪習のためにこのことが行なわれたのではないのならば、彼は言葉によって矯されるべきである。そして、同聖職者がこれを繰り返した場合には、その日〔の食事〕はパンと水だけでなければならない。その者が三度これを行なった場合には、三日間パンと水だけでなければならない。これを何度も敢えて行なった場合には、他の者たちが恐れるように、その者は体罰を受けねばならない。そして、終課の前に町へ来てはならず、〔来る場合には〕居住域の外へ出る許可を

●——9
→補註[2]参照

得なければならないのだが、ある者が、悪魔の誘惑によって〔終課に〕おくれ、このことを、司教、あるいは大助祭、あるいはプリミケリウスが発見し得た場合には、この発端をなした者は、あるいは破門され、あるいは体罰を受けなければならない。

第五章　夜の聖務日課について(10)

復活祭までの冬の時期は、事情を考慮して、夜の半ば以上を眠らねばならない。さらに、割り当てられた者たちは、夜課のために起きていなければならない。夜課が終わると、彼らは、詩句、「主よ、憐れみ給え《キリエ・エレイソン》」(11)、そして主禱文を唱えねばならない。そして間隔をおかねばならない。主日と聖人たちの諸祝日以外〔の日〕には、このことを命じる司教、あるいはその下にある者たちの考えるところに従って、彼にとって良いと思われ、時間が許す時には、詩篇第四〇篇、あるいは第五〇篇を唱えることができなければならない。そして、詩篇あるいは聖訓を勉強する必要のある者たちは、それを読むことに従事し、その間の時間に黙想しなけ

10 Cf. *RB.*, t.II, cap.VIII, p.508.

11 原文はKaepneaicon。意味不明。L^2にKyrie eleisonとあり、これに従った。

ればならない。そして、理解し得る者であれ、理解し得ない者であれ、教会堂内では全ての者が、あるいは唱え、あるいは朗読せねばならず、病が強いるのでなければ、間の時間には誰も眠ることは許されない。〔眠る場合には〕許可を得て眠らねばならない。これに背く者は破門される。残りの者は全て、朝課が唱えられるまで、徹夜の務めに来なければならない。第一時には、全員が聖ステファヌスの教会で、第一時の聖務日課を唱えねばならない。

第六章　全ての者は定時に聖務日課のために来なければならない

第九時の聖務には、合図が聞こえるとすぐに、手に何を持っていようとも、それら全てをおいて、走って来られるほどに司教館の近くにいる者は、できるだけ急いでやって来なければならない。ある者が、定時に聖務日課のために走って来られないほどに同教会から離れており、司教あるいは大助祭が、そのような状態であることを認めた場合には、その者はその時にいる所で、神への畏れをもって聖務を行なわねばならない。

そして、大助祭、あるいはプリミケリウス、あるいは聖堂納室係はこの合図が然るべき時間に鳴り響くように監督しなければならない。

第七章　詩篇詠唱の規律について[12]

私たちは、いたる所に神が臨在しておられ、また、主の目は善人と悪人とを見つけ出しておられることを信じている。私たちが聖務日課にあずかる時には、この事を特に何の疑いもなく信じなければならない。そしてこのために、預言者の述べている事を、常に私たちは思いおこさねばならない。「畏れをもって主に仕え、おののきをもって主に喜びの声をあげよう」（詩篇、二篇、11）。そしてまた、「賢明に讃美を歌え」（詩篇、四七篇、7）。そして「もろもろの御使いの前で」（詩篇、一三八篇、1）。実際、私たちが力ある人々に何事かを申し出る場合、私たちは謙遜と畏敬なしに敢えてそれを試みることはない。まして、全世界の主である神に対しては、謙遜と清純な心とを尽くして私たちは祈願するべきではないか。ローマの教会が堅持し、私たちの教会会議が決定したところに従

12　Cf. *RB.*, t.II, cap.XIX, pp.534-536 et cap.XX, pp.536-538.

って、教会内の私たちの聖職者は、聖務日課にあずかっている時は、病が強いるのでなければ、教会内で手に杖をもたないように、私たちは畏れをもって配慮した。

第八章　毎日彼らは参事会《カピトゥルム》へ来なければならない

全ての参事会員は、参事会《カピトゥルム》へ来て、そこで神の御言葉と、神の御助力によって私たちが彼らの魂の救いのために有益であるようにと作成した私たちの小さな定めとを聴き、各々の日にそのうちのある章を読まねばならない。加えて、主日、水曜日、金曜日には、聖書註解やその他の説教あるいは聴く者たちを教育するものを、参事会《カピトゥルム》で読まねばならない。そのために、全員が毎日、参事会《カピトゥルム》へ来るように私は定めた。それは、魂が神の御言葉を聴くためであり、また、司教、あるいは大助祭、あるいは誰であれ指導していることが知られている者は、そこで命ずべきことを命じ、正すべきことを正し、なされるべきこと〔がなされるように〕努めなければならない。そこで参事会員たちは、第一時課を唱えてから住居へ行くや、合図を聞き次第、祭服を整えて、急いで参事会《カピトゥルム》へ来ることができるよう直ちに準備を急がねばならない。

居住域の外にいることが知られており、同市内に留まっている全ての聖職者は、ローマの典礼案内書《オルドー・ローマーヌス》[13]に記されているように、全ての主日には、幄衣、あるいは聖務日課のための祭服を着て、参事会《カピトゥルム》へ来なければならない。そしてこれらの主日、あるいは聖人たちの主な諸祝日には、既に述べたように、居住域の外にいる全ての聖職者は、夜課と朝課とのために来なければならない。そしてこれらの日には、指定参詣聖堂《スタティオ》で彼らは祭服を着て務めを果たさなければならない。これはミサが完了するまで、各人がその聖務を果たすためである。そしてこれに違犯した場合には、その者は、大助祭、あるいはプリミケリウスによって破門され、あるいはさらに、必要な場合には体罰を受けなければならない。既に述べたように、これらの主日と、聖人たちの主な諸祝日には、全員が食堂で、彼らに定められた食卓について、他の聖職者と共に食事をしなければならない。

●——13
→補註[3]参照。

第九章　毎日の手の労働について[14]

無為は魂の敵である。従って、司教あるいは大助祭、あるいはプリミケリウス、あるいは彼らによって任じられた者たちの命令により、参事会員は、労働のために彼らに割り当てられた所へ行き、良い魂をもって不平を言わず、彼らの服従を全うしなければならない。そして、共同の労働を行なう必要がない時には、さらに各人が必要なことを行なわねばならない。

第一〇章　旅に出る者たちについて[15]

聖職者のうち、司教と共に旅に出る者は誰であれ、旅程あるいは事情の許す限りにおいて、その者の務めをおろそかにしてはならない。そして彼らは、聖務であれ他の事であれ、規定の時課の務めを怠ってはならない。

●——14
最初の文は『ベネディクトゥス戒律』第四八章の冒頭と同一であるが、以下は全く異なり、記述の量も七分の一程度である。Cf. *RB*, t.II, cap.XLVIII, pp.598-604.

●——15
Cf. *RB*, t.II, cap.L, p.608.

第一一章　神の僕たちが持たねばならない良い熱情について[16]

神から離れ、地獄へ導く悪い、そして苦々しい熱情が存在するように、罪から離れ、神と永遠の生命へと導く良い熱情が存在する。従って、最も熱烈な愛によって神の僕たちはこの熱情を行動に表わさねばならない。即ち、「進んで互いに尊敬し合い」（ローマ書、一二章、10）身体であれ心であれ、その弱さを非常な忍耐によって堪えねばならない。そして彼らは、何らかの悪習が抑えられ、罰が加えられるべきであるか否か、このことを見ることを委ねられた者たちに、善性において同意しなければならない。そして使徒が述べているように、悪習が生じたなら、彼らがそれを取り除き、より良い状態に各人を導くことができるように、彼らは「神の助手」（コリント書Ⅰ、三章、9）であらねばならない。なぜならば、〔聖書には〕次のように書かれているからである。「主を愛する者よ、悪を憎め」（詩篇、九七篇、10）。なぜならば「不正を愛する者はその魂を憎む」からである。自らを守り、言葉と行ないとによって良い生活の例へと他の者を導くのは、その魂を良く愛しているからである。

16　Cf. *RB*, t.II, cap.LXXII, p.670.

第一二章　誰も他の者を破門してはならない[17]

〔誰かを〕破門するというような、あらゆるうぬぼれの誘因は、この参事会《オルドー・カノニコールム》にはその存在を許されず、私たちは、誰であれその仲間を破門したり、打ったりしてはならないということを命じ、かつ定めた。ある者がそのうぬぼれによって、このために、あるいは言葉、あるいは行動において、ある者を怒らせた場合、〔怒らせた者を処罰するよう〕要求するのは、〔怒らせられた〕者〔の権限〕に属するのではなく、〔後者は〕参事会長《リオル》のもとに来なければならない。彼は規則に従って〔この件を〕明らかにしなければならない。そして大胆にもこれをなした者は、司教、あるいは司教の下にある者によって裁かれねばならない。

●――17
Cf. *RB*, t.II, cap.LXX, p.666.

第一三章　参事会《コングレガティオ》においてある者が他の者を弁護することについて[18]

いかなる理由によろうとも、ある者が他の者を弁護してはならないということには、あらゆる方法で注意が払われるべきである。また、あたかも血縁の故であったり、何らかの友情、あるいは親しさの故に、参事

●――18
Cf. *RB*, t. , cap.LXIX, pp.664-666.

会員がこのようにすることは許されない。なぜならば、参事会《コングレガティオ》において甚だ重大な罪を犯す機会は、このような原因から発生するのが常だからである。誰かがこれを犯した場合には、〔他の者たちが〕恐れをいだくように、より厳重に罰せられねばならない。

第一四章　告白について(19)

聖書は次のように言って私たちに勧めている。「あなたの道を主に明らかにし、主に信頼せよ」(詩篇、三七篇、5)。そしてまた次のように言っている。「主に感謝せよ。主は恵みふかく、その慈しみはとこしえに絶えることがない」(詩篇、一〇六篇、1)、そしてまた、預言者は言っている。「私は自分の罪をあなたに知らせ、自分の不義を隠さなかった」(詩篇、三二篇、5)。そして、「私は言った。『私の意に反して私の咎を主に告白しよう』と。そしてあなたは私の罪である不信を赦された」(詩篇、三二篇、5)。そしてまた、「罪が消されるために、あなたたちの罪を互いに告白し合いなさい」(ヤコブ書、五章、16)。そして別の所では、「その

19　Cf. *RB.*, t.II, cap.VII, p.484.

罪を隠す者は栄えることがない。しかしこれを言い表わす者は、その魂を死から救った者である」（箴言、二八章、13）。そして主は、福音書の中で次のように言っておられる。「悔い改めよ。天の王国は近い」（マタイ伝、三章、2）。それ故、悪魔の誘惑によって、神の意志、あるいは主の命令に反する多くの悪事を私たちが行なった今、聖書が教えているように、真の告白と、真の悔悛とによって私たちは自らを正さねばならない。神の法を忠実に守る人であった聖なる教父たちは、悪魔の誘惑によって神の僕たちの心に何か悪い考えがおこった場合、すぐにへり下った告白によって、彼の長上へ告白しなければならないということを定めたのである。私たちは怠惰で弱いのであるから、全てにわたって彼ら（教父たち）の跡を追うことはできないにしても、少しだけでも神が力を〔与えて下さった〕ところに従い、真の告白によって神の王国をもつことができるように、彼らの跡を模倣することが必要である。私たちは次のように定めた。一年に二度、[20]私たちの聖職者は、その司教にその告白を明瞭に行なわねばならない。その時期は、一度は復活祭前、四旬節の始めであり、いま一度は、八月中旬から一一月一日までの間である。これらの

20 原文は a nobis であるが、L^2 に anno bis とありこれをとった。

期間中に、司教が時間の余裕をもつなら、またそれが司教にとって必要である場合には、別の時に、その者が望みそして必要な時にいつでも、その者は、司教あるいは司教がその者に告白を行なうように命じたその司祭に、その告白を行なわねばならない。そして罪が妨げをしていない聖職者については、全ての主日と、主な祝日とに、彼らは私たちの主であるイエズス・キリストの御身体と血とを受けなければならない。なぜならば、主は福音書の中で次のように言っておられるからである。「私の肉を食べ、私の血を飲む者は私におり、私もまたその人にいる」（ヨハネ伝、六章、56）。他方、誰か至聖の玄義を不正にうける者があれば、その者は「自らの裁きを食べかつ飲むのである」（コリント書I、一一章、29）。そして、聖職者のうちのある者が、あってはならないことなのであるが、その告白を司教に行なう時に、その罪の一部を司教に隠しておこうという大それた企てがあるほどに悪魔の霊に満たされて、いわば、別の司祭を通じてその告白をするためにやってきて、司教が彼の聖職を剥奪することを恐れ、そして、まだその者が聖職に叙品されていないなら、叙品されないことを恐れ、〔司教が〕彼を御聖体に導かないことを恐れ、またその悪習を続けることを禁じられるのを恐れているために、彼の司教にその罪を隠すことを望む場合、司教がこのことをどのような方法であれ、ある方法によって見出すことができ、そのことが彼に証明された場合には、その者は罪責のあり方に従って、体罰、あるいは禁錮、あるいは司教に良いと思われる事を受けねばならない。これは、その他の者たちが恐れをいだき、そのような罪に陥らないようにするためである。なぜならば神の御憐れみによりその罪について健全な助言を受けねばならない時に、神の目の前で〔さらに〕罪を犯したり、人に告白することを恥じる者は、甚だしく厚顔な者だからである。

第一五章　重い罪責について(21)

参事会《オルドー・カノニクス》のある聖職者が、罪責を犯した場合、即ち、殺人、姦淫、姦通、盗み、あるいは主な罪のうちこれに類するものを犯した場合には、その者はまず、体罰に服さねばならない。次いで司教、あるいはその下にある者たちが良しとする期間、その者は禁錮、あるいは追放を受けね

●――21
Cf. *RB.*, t.II, cap.XXV, p.546 et cap. XLIV, pp.592-594.

ばならず、次のように述べている使徒の恐ろしい宣告を知るべきである。「主の裁きの日に霊が救われるように、彼らはこのようにして、肉体の破滅へと人を引き渡した」（コリント書Ⅰ、五章、5）。そしてその者が禁錮に服している時は、参事会長が命じた者を除き、いかなる聖職者も、集会においても、会談においても、その者に接してはならず、その者は、参事会長に良いと思われる間、痛悔の中に一人とどまるべきである。

司教、あるいはその下にある者たちにとって良いと思われたなら、その者は禁錮からでて、さらに公けの痛悔を行なわねばならない。即ち、その者は礼拝堂からも食卓からも遠ざけられ、参事会長が命じたその教会の戸口に、全て聖務日課のために来なければならない。そして、全員が〔教会に〕入るまで教会の入口で全身で伏礼し、そののち起き上がって、教会の外、その門の前に立って、そこでできる限りその務めを果たさなければならない。全員が教会から出て来ると、彼らが外へ出〔おわ〕るまで同様に伏礼を行なわねばならない。その入口の所で伏礼を行なっている時、あるいは立っている時は、誰とも話をしてはならない。

断食について、その長さ、方法は、司教、あるいはその下にある者たちにとって良いと思われるように行なわれるべきであり、その量、即ち時間は、その者にふさわしいと思われる程度に行なわれねばならない。また、その者は、和解をうけるまで誰によっても祝福を受けない。和解をうけるべく呼ばれて来た者は、司教、あるいは聖職者の前で、できるだけ身を低くして、全身で地面の上に伏礼を行ない、全員に赦しを請わねばならない。そして司教はカノンの定めに従って、その者と和解しなければならない。

第一六章　破門された者たちに許可なく接した者たちについて(22)

誰か兄弟が、破門された聖職者に、司教、あるいはその下にある者たちの許可なしに、どのような方法であれ、あるいはその者と話をし、接し、あるいは何らかの知らせや手紙をその者に送ろうとした場合、その兄弟は同様に破門の罪の下におかれねばならない。

22 Cf. *RB.*, t.II, cap.XXVI, pp.546-548.

第一七章　諸罪責の破門について(23)

もし誰か聖職者が、頑なであり、あるいは高慢であり、あるいは中傷をなし、あるいは反対をし、あるいは争い事を好み、あるいは不平を言い、あるいは課せられた断食を破り、あるいは十字架による審判に出ることを故意に怠り、あるいは叱責されながらも赦しを請わず、あるいはこの貧しい定めや、司教、またはその下にある者たちの命令に、ある点で反していながら、そのことを蔑ろにした場合、その者は、私たちの主の御命令に従って、一度、二度、ひそかに彼の上位者によって説諭されなければならない。しかし、改めない場合には、その者は全員の前で公けに叱責されなければならない。しかしこのようにしても改めず、その罰がどのようなものであるのかを理解している場合には、その者は破門の罰の下に置かれなければならない。しかし、さらに悪く、あるいは少しも理解せず、あるいは矯正できない場合には、体罰に委ねられなければならない。

23　Cf. *RB.*, t.II, cap.XXIII, p.542.

第一八章　より軽い罪を犯した者たちについて

聖職者の誰かが、あるいは食事に遅れてあらわれた場合、あるいは、ある理由のために上位者が詩篇詠唱またはミサを唱えるように命じたにもかかわらず、その者がこれを全く行なわなかった場合、そして、ある物を壊し、ある物を失い、あるいは何か他の咎を犯しているのに、すぐに司教、あるいはその下にある者たちの前に来て自発的に償いをせず、その罪を明らかにしない場合には、その者は罪責のあり方に従って、司教、あるいはその下にある者たちに良いと思われるように、より大きな罰の下に置かれなければならない。しかし、その者が自発的に告白した場合には、既に述べたように、罪責のあり方に従って、より軽い罰の下に置かれねばならない。

第一九章　破門はどのようにあるべきか[24]

罪責に従って破門あるいは処罰の程度は広げられねばならない。この罪責のあり方は、司教、あるいはその下にある者たちの判断による。よ

24 Cf. *RB*, t.II, cap.XXIV, p.544.

り重い罪の中にある者たちは、より軽い罪を犯している者たちとは、同じように裁かれてはならない。病に応じて薬は用いられるべきである。なぜならば、さもなければ信仰厚い医者といえども傷をなおさず、霊的な薬を受けとることを拒む者は、霊的な薬のもつ健康を手に入れることはできないからである。

第二〇章　四旬節の遵守について[25]

キリスト教徒の生活は、いつでも簡潔、質素であるべきではあるが、これらの日以後、より質素に生活し、熱心な奉仕によって神に結びつくように切望することは、信仰厚い心にとって、大いにふさわしいことである。従って、復活祭前の四〇日間は、神が命じ給うのであるから、私たちの聖職者は至純の心と身体とをもって、そのなし得る限りにおいて身をつつしまねばならないと私たちは定める。

食物と飲み物の摂取については、神が御助力を与えて下さる限りにおいて節しなければならない。即ち、四旬節の最初の日から復活祭までは、

25　『ベネディクトゥス戒律』第四九章と同名ではあるが、内容的に一致するところはほとんどない。参事会会則の方がはるかに詳細であり、四旬節以外の規定も含まれている。Cf. *RB.*, t.II, cap.XLIX, pp.604-606.

主日を除いて毎日、晩課を唱えてから、常に食堂で食事をしなければならない。そして、司教が道理をもって指定したような食物あるいは飲み物からは遠ざかっていなければならない、

そしてどこであれ、即ち、市内、修道院、あるいは何であれ個人の土地や家の中では、この四〇日間は食事をしてはならない。ただし、然るべき時間に兄弟たちと共に食事をとるためにいることができないほど遠くにいる場合には、この限りではない。その場合は、その必要のために、他の聖職者と同じような食物をとる許可を得なければならない。そして、然るべき時間より先んじないように注意しなければならない。

この四旬節においては、第一時課が唱えられて、第三時課が終えられるまで兄弟たちは読書に専念しなければならない[26]。そして、必要があって、司教、あるいはその下にある者が、なされるべきことがなされるように定めた場合の外は、司教館の中にある教会[27]を通る以外には、居住域の外に出てはならない。そして、第三時課の後、その時に参事会の集会を行なわねばならない。

復活祭から聖霊降臨祭までは、一日に二度食事をし、肉を食べてよい。

●――26
Cf. *RB.*, t.II, cap.XLVIII, p.602.

●――27
聖ペテロ教会堂と聖母マリア教会堂を指す。参事会会則の記述では、ecclesias quae infra domum sunt とあ

ただし、痛悔を行なっている者と、金曜日とを除く。聖霊降臨祭から洗者聖ヨハネの誕生の祝日[28]までは、同様に、一日に二度の食事をとり、同聖人の祝日まで肉から遠ざかっていなければならない。聖ヨハネの祝日から聖マルティヌスの祝日[29]までは、それ以前と同様に、一日に二度の食事をとり、水曜日と金曜日には肉から遠ざかっていなければならない。この聖マルティヌスの祝日から主の御降誕の祝日までは、全員が肉から遠ざかり、この期間の全ての日には、第九時まで断食を行なわねばならない。そして食堂で食事をとらねばならない。主の御降誕の祝日から四旬節の始めまでは、月曜日、水曜日、金曜日は、第九時に食堂で食事をとらねばならない。この時期の残りの日には、同じ食堂で一日に二度食事をとってよい。この時期には、水曜日と金曜日に肉から遠ざからねばならない。そして、これら二つの曜日が祝日にあたった場合には、参事会長が許可を与えれば、肉を食べることができる。

私たちの聖職者の病のために、私たちは次のことを配慮した。肉から遠ざかるように定めた水曜日、金曜日、あるいはその他の時に、必要な場合には、司教、あるいはその下にある者たちは、病、必要、あるいは

るが、他に、聖ペテロ教会堂については、S. Petrus infra episcopium または S. Petrus infra domum という表現が、聖母マリア教会堂については、Sancta Maria infra episcopium または Sancta Maria infra domum という表現が伝えられている。Cf. Klauser (Th.) et Bour (R.S.), art. cit., pp.537sq. et 544sq.

28 六月二四日。

29 一一月一一日。

祝日のために、彼が良いと思うように考慮を加えてよい。

第二一章　並べられるべき食卓について

司教の第一の食卓は、来客や巡礼と共にあらねばならず[30]、そこには大助祭、あるいは司教が招いた人が座らねばならない。第二の食卓は司祭たちと共にあらねばならない。第三の食卓は助祭たちと共にあらねばならない。第四の食卓は副助祭たちと共にあらねばならない。第五の食卓はその他の位階の者たちと共にあらねばならない。第六の食卓は修道院長、あるいは参事会長が招いた人と共にあらねばならない。第七の食卓では、居住域の外、市内に住んでいる参事会員たちが主日、あるいは主な祝日に食事を行なわねばならない。食事の時間が来て、食堂で合図が鳴り響くと、兄弟たちは急いでそこへやって来て、共に食堂へ入り、共に祈り、共に詩句を唱えなければならない。そして司教、あるいは他の司祭が食卓に関する祝福を捧げると、全員が「アーメン」と応えなければならない。これらの次第が然るべく行なわれると、各人はその食卓へ

30 Cf. *RB*., t.II, cap.LVI, p.622.

進んでよい。

聖職者は聖書の朗読を聴いて心の中で黙想することができるように、外へ出るまで食堂の内では完全に沈黙を守らねばならない。なぜならば、肉の食物を摂っている時には、魂は霊の食物を摂らねばならないからである。

そして、読師、出納係、守門、週務者、あるいは司教が聖職者と共に食堂で食事をしている時に仕える者たちは、兄弟たちが食堂へ入る前に、パンと飲み物で食事をしておかなければならない。これは聖職者が食事をしている間、断食を堪えることが彼らに重荷にならないようにするためである。そして読師は、参事会長が朗読を終えるように命ずるまで、朗読を行なわねばならない。

特に次のことが守られねばならない。司祭、助祭、副助祭、あるいは聖職者の誰であれ、食物や、その他食用、飲用になっている物を、司教の許可なしに食堂から持ち出してはならない。

そしてこのことが守られねばならない。定められた時間以前には、この世話をしなければならない者たち以外は、司教、あるいはその時の指導者である者の許可なく、飲食のために食堂へ入ったり、道理に反して出納係を煩わしてはならない。しかし然るべき時間には、求められるべき物を彼らは求めるべきであり、与えられるべき物が与えられるべきである。

その参事会《コングレガティオ》に属している者以外は、俗人であれ聖職者であれ、司教、あるいはその下にある者たちの許可なしには、食堂で飲食してはならない。聖職者が参事会《カピトゥルム》へやって来る居住域や食堂内へは、必要がない場合、あるいは司教やその下にある者たちが良しとしない場合には、そこで上位者に仕えている聖職者は、誰であれ入ってはならない。

第二二章　食物の量について(31)

私たちの聖職者は、上述のように、一日に二度、定められた時間に食事をする時、充分にパンをとるべきである。副食物は第六時に二人で肉の皿一つと、乳糜粥の皿一つを受けとるべきである。乳糜粥がない場合には、肉あるいはベーコンを二皿持たねばならない。夕食には二人で一

●――31
『ベネディクトゥス戒律』第三九章と同名であるが、その内容は異なっている。Cf. *RB*, t.II. Cap.XXXIX, pp. 576-578.

皿の肉、あるいは乳糜粥一皿を受けとるべきである。

　四旬節の生活を行なわねばならない時には、第六時に二人の兄弟の間で一ポンドのチーズと乳糜粥を受けとるべきである。そして、魚、野菜、あるいはその他の物がある場合には、第三の物として付け加えられるべきである。夕食には二人の間で、乳糜粥一〔皿〕、あるいは一ポンドのチーズを受けとるべきである。そして神がより多くを与えて下さった場合には、感謝の祈りと共に受けとらねばならない。

　そして、食事が一日に一度だけの時は、二人の間で乳糜粥〔一皿〕、チーズ一ポンド、野菜一皿、あるいは他の副食物を受けとるべきである。そしてその年に栗や団栗がなく、その後、肉の量をどこから支給してよいかわからないということが起った場合には、司教は神が力を与えて下さったところに従い、あるいは斎日の食事、あるいは別の手段から、彼らが助けを得るように配慮しなければならない。

第二三章　飲み物の量について(32)

一日に二度食事が行なわれるべき時には、司祭は第六時に三杯、夕食に二杯を、奉読台にいる助祭は第六時に三杯、夕食に二杯を、副助祭は第六時に二杯、夕食に二杯を、その他の位階の者は第六時に二杯、夕食に一杯〔の飲み物を摂るべきである〕。

一日の食事が一度のみの場合も、前に述べたと同様に、第六時には二度食事をする時と同量の飲み物を摂るべきである。そして夕食で受けとることになっている量の飲み物は、これは貯蔵庫に残るべきである。そして特に酩酊に注意しなければならない。葡萄酒が少なくなり、その量を司教が支給できないということが起った場合には、彼はなし得るところに従って、支給を行なわねばならず、大麦のビールの特別追加割当をするべきである。兄弟たちは不平を言わず、神に感謝をし、忍耐をもって堪えねばならない。他方、それだけ〔葡萄酒を〕摂ることが可能な場合、その場合には葡萄酒を摂らずにすますということがあってはならない。葡萄酒から遠ざかっている者たちについて、司教、あるいはその下にある者は、彼らが摂るはずの葡萄酒と等量の大麦のビールを摂るよう

●——32
『ベネディクトゥス戒律』第四〇章と同名であるが、その内容は一部を除いて異なっている。Cf. *RB.*, t.II, cap.XL, pp.578-580.

に配慮しなければならない。そして司教が上記の量に何らかの飲み物を加えようと思った場合、それは彼の権限の内に留まるべきである。必要によっていま一度の食事があるようになった場合でも、一度の食事に、上述の量である三杯以上を受けとることに私たちは同意しない。そしてこれは余分なことと思われる。なぜならば、「葡萄酒は賢者をも堕落させる」からであり、酩酊のあるところには恥辱と罪があるからである。そして、私たちの聖職者は特に質素な生活を送るように私たちは忠告する。葡萄酒を飲まないように説得することは私たちにはできないので、少なくとも彼らにあっては酩酊が支配することがないようにということに同意しよう。なぜならば、「全ての酩酊者は」、然るべき痛悔によって償いをしない場合には、その者は「神の王国とは無縁の者である」(コリント書I、六章、10)と使徒は宣言しているからである。

第二四章　台所の週務者について(33)

参事会員は以下のようにして相互に奉仕し合わねばならない。誰であ

(33) Cf. *RB*, t.II, cap.XXXV, pp.364-368.

れ、病気である場合、あるいは重要な仕事に携わっている場合を除いて、台所の務めから免除されることはない。なぜならば、このことからより大きな報いと愛徳とが得られるからである。弱い者には助手が与えられる。これは、弱い者たちが悲しみをもってこの務めを果たすことがなく、全員が参事会《コングレガティオ》の慣習、あるいはその他の状況[34]に応じて助手を得るためである。大助祭、プリミケリウス、出納係、そして聖ステファヌス〔教会〕から一人、聖ペテロ〔教会〕から一人、聖母マリア〔教会〕から一人の〔計〕三人の聖堂納室係は、彼らはより重要な仕事に携わっているのであるから、台所からは免除される。しかし、その他の者たちは、愛徳の下に相互に奉仕し合わなければならない。

週務を終えようとする者は、土曜日に掃除をしなければならない。そしてその者は、務めのために受けとった用具をそのまきれいな状態で出納係へ返さなければならない。これらの用具のうちある物が壊れた場合には、週務者は土曜日に参事会へ来て、赦しを請わねばならない。そして、用具、あるいは壊れた物を正しい場所に戻し、司教、あるいはその下にある者が裁くところに従って痛悔を行なわねばならない。

●——34
原文は aut posicio non est loci であるが、これでは意味が通じないので L2 の aut positionem loci の読みをとった。

第二五章　大助祭、あるいはプリミケリウスについて[35]

彼らは「蛇のように用心深く、鳩のように純真」（マタイ伝、一〇章、16）でなければならない。即ち、善においては賢く、悪においては純真であるべきであり、神の法、およびこの貧しい定めの法において、聖職者たちを教えるために、福音書や聖なる教父たちの定めに精通していなければならない。そして彼らは以下のようにして聖職者に対しなければならない。即ち、彼らは理解されやすい言葉だけではなく、模範によっても、より純真な者たちに神の命令を示さねばならないのである。彼らは次のように言っている使徒の生活の規範を常に守らねばならない、「とがめ、懇願し、戒めよ」（テモテ書Ⅱ、四章、2）。即ち、〔悪い〕時に〔良い〕時を混ぜ、恐れに優しさを混ぜるのである。即ち、彼らは神の法に従わずに落ちつかない者たちを厳しくとがめ、従順で柔和で忍耐強い者たちにはより良い状態に前進するように懇願しなければならず、怠惰で侮蔑的で高慢な者たちを叱責し、矯すべきである。そして罪を犯す者の罪を隠

35　Cf. *RB.*, t.I, cap.II, pp.446-448 et t.II, cap.LXIV, p.650.

してはならない。むしろ、罪が生じ始めるやいなや、すぐに可能な限り徹底的に除去しなければならない。シロの祭司エリの罰を記憶し、正直で、理解力のある者たちを、一度目と二度目は言葉による説諭によって矯すべきである。しかし、悪い者、そして心が頑なで、高慢で、あるいは不従順な者を、彼らは鞭と体罰とによって罪の始まった時に抑えるべきである。彼らは以下の聖書の言葉を知っているのであるから。「愚かな者は言葉によっては矯されない」(箴言、二九章、19)。そしてまた、「あなたの息子を鞭で打て。そうすれば彼の魂を死から救うであろう」(箴言、二三章、14)。カノンの定め、あるいはこの貧しい定めに従って、正しく、理に適って、彼らが自ら決定することのできない事は何であれ、完全に司教に示さねばならない。そして司教は、神の御心に従って、罰されるべきは罰し、矯されるべきは矯さねばならない。大助祭とプリミケリウスは、その全ての行ないと業とにおいて、神と司教とに忠実で従順な者でなければならない。そして高慢で、反抗的であってはならず、貞潔で、質素で、忍耐強く、温厚で、情け深くなければならない。「そして常に赦しが裁きにまさるべきである」(ヤコブ書、二章、13)。これはこの者たちが同じ事を得るためである。彼らは聖職者を愛し、悪習を憎まねばならず、叱責においては注意深く行動し、行きすぎないようにしなければならない。これは、錆を落とすことに熱心なあまり、器を壊すことがないようにである。「葦を曲げても折ってはならない」（マタイ伝、一二章、20）ことを記憶しなければならない。これらのことにおいて、私たちは彼らが悪習を増長させて良いと言っているのではなく、彼らは注意深くそして愛徳をもって悪習を取り除くよう急がねばならない。「他の者たちに説教をしていながら、自らが斥けられる者」（コリント書I、九章、27）とならぬよう注意し、かの主の命令を心に留めておかねばならない。「そして、兄弟の目の中に藁を見ているあなたは、あなたの目の中に藁を見なかった。まず、あなたの目の中から藁を取り除きなさい。そうすれば、あなたの兄弟の目の中から藁を取り除くことができるほど明瞭に見えるようになる」（マタイ伝、七章、3、5）。あってはならぬことなのであるが、この大助祭やプリミケリウスが高慢で、傲岸で、定めに違犯し、カノンとこの貧しい定めを軽んずる者であることが明らかになった場合には、彼らは主の御命令に従って、一度そして二度説諭されるべきである。しかし、改まらない場合には、司教によって、罪責のあり方に従って裁かれねばならない。このようにしても改まらない場合には、彼らはその位階から追われねばならない。そして、〔その位階に〕ふさわしく、神の命令に従い、神や司教の意志を行なう者たちが、かわってその地位に置かれねばならない。

第二六章　出納係について[36]

出納係は神を畏れ、質素な者でなければならない。飲酒癖があったり、争いを好み、短気な者であってはならず、控え目で、慣習に対しては注意深く、忠実でなければならない。聖職者たちのために彼の監督の下に受けいれた物は何であれ、忠実に守り、彼の司教、あるいはその下にある者の命令がなければ何もしてはならない。そして彼は聖職者たちの財産を浪費したり使い尽くす者であってはならない。なぜならば、彼がそのような者であった場合には、疑いもなく、裁きの日に神に清算をすることになるであろうからである。そして、良く務めた場合には、良い地

36　Cf. *RB.*, t.II, cap.XXXI, pp.556-560.

位を自らに得るのである。

第二七章　守門について

守門は一人であり、その下位者と共に、一年間、あるいは司教が良しと認めた場合にはそれ以上、居住域の門、即ち入口を守らねばならない。守門は質素で忍耐強く、賢く、応接の心得があり、忠実に門、即ち居住域の入口を守らねばならず、この趣旨に反してはならない。反した場合には破門されねばならない。彼は門の鍵を終課に大助祭へ返さなければならない。そして大助祭がそこにいない場合には、大助祭の下にある者がその鍵を受けとらねばならない。同所、あるいは近くにある家で眠る聖堂納室係は、他の聖職者が行なうように、できる限り沈黙を保たねばならない。そして彼らは終課の後には飲食をしてはならず、終課の後に居住域の外に残っていた者が入ることも(37)、また、居住域内にいる者が彼らに委ねられた門を通って外へ出ることも許してはならない。彼らがそのようなことをした場合には、司教、あるいはその下にある者たちによ

37　原文は egregere であるが、L^2 の ingredi をとった。

って裁かれねばならない。

第二八章　特にこの参事会《オルドー》に加わり、病気の際に、その必要を満たすことができる手段を持っていない病気の参事会員《オルドー》について(38)

聖職者のある者が病気になり、その者がこの参事会《オルドー》に特に加わり、病気の際にその者の必要を満たすことができる手段を持っていない場合には、大助祭とプリミケリウスはその者について、司教についで最大の配慮を払わねばならない。そして病気の者たちが蔑ろにされることがないように、そしてまことに、キリストになされるのと同じ様に、そのように彼らに対して奉仕がなされるよう注意しなければならない。なぜならば、キリストは次のように言われたからである。「私が病であった時、あなたたちは私を見舞った」（マタイ伝、二五章、36）。そして「この最も小さい者たちの一人にあなたたちがなすたびに、あなたたちは私になしたのである」（マタイ伝、二五章、40）。従って、これらの病人に有益で必要であると思われるものは何であれ、完全に、そしていかなる遅滞もな

38　Cf. *RB*, t.II, cap.XXXVI, pp.570-572.

く彼らに行なわれるように配慮されねばならない。なぜならば、何であれ、彼らが殆ど持っていないか、あるいは無視されている点は、彼らにかかわるからである。そして疑いなく、裁きの恐るべき日に、生者と死者との王がその御陵威の座に座られる時、その者らは、これら全てについていかに彼らに奉仕したかを報告する者となるであろう。この大助祭、あるいはプリミケリウスが、彼らの必要に対して供給できるものを十分には持っていない場合には、彼らはこのことを司教に完全に報告しなければならない。そして司教は神への畏れと愛とによって、彼らがこれらの病人のためになるものとして、彼ら（病人）の必要に対して供給するものを持つように配慮しなければならない。これらの病人には、彼らのために理に適って良く整えられ、ふさわしい、そして快適な住居が割り当てられるべきである。彼らは病気から回復するまでの間そこにいることができる。そして聖職者の中から、神を畏れる者で、これらの病人のまわりで彼らの全ての必要について最大の配慮を払う者が一人指名されなければならない。そして、不平と怠慢なく病人に奉仕が行なわれるように、必要な場合には、参事会長が定めたところに従って、その者は助手を得ることができる。そして良く奉仕した場合には、自らに良い地位を得るということを知るべきである。しかし、これらの病人は、神の誉れにおいて自らに奉仕を受けているのであると考え、つまらない要求によって自らに奉仕している者たちを悲しませてはならない。病人だけが扶養されるべきであり、彼らはよくなったところでその務めのために居住域へ戻らねばならない。

第二九章　聖職者たちの衣服、履物、材木について

聖職者の半数、それは上位者であるべきなのだが、彼らは毎年新しいカッパを受ける。新しいカッパを受けとる時には、前年に受けていた古いカッパを常に返さねばならない。聖職者の残りの半分は、毎年、上位者が返す古いカッパを受けとらねばならない。そして上位者は、返さねばならないそれらのカッパを変化させてはならない。

そこで司教館に継続して仕えている司祭は、毛織の布、あるいはそれからその布が〔織られる〕羊毛を一年に二回、他の聖職者は各々一回得

るべきである。

司祭と助祭は下着用の麻布を毎年二回受けとるべきである。副助祭とその他の位階にある者は、年に一回、一枚半を受けとるべきである。

全ての聖職者は、毎年、四足に限り牛の皮の[39]履物を受けとるべきである。材木については、それがデナリウス貨幣四リブラで充分に一年間買えるように私たちは配慮した。これらの材木は、町あるいは村において彼らのものと見なされている流通税で買われるべきである。即ち〔四リブラが〕このために徴されねばならない。五月一日に彼らは流通税を受けとり、それからその材木を買わねばならない。

その後に余った上述の流通税と、同司教が聖職者に毎年支払うのが習慣であった道路税と、神が聖職者に与えて下さった施しとから、あのカッパ、毛織の布、履物が買われるべきである。そして、その後になにがしか余分に残った場合には、彼らに必要な別の物を買うか、彼らの会計室に保管しなければならない。そしてそこでこのために買われるべき物が充分にない場合には、上述のように、司教はこれら全てが彼らの必要のために満たされる方法を配慮し、課さねばならない。彼らは、衣服、

●――39 原文はbaccinosであるがvaccinosと読みかえた。

カッパ、毛織の布を聖マルティヌスの祝日に受けとらねばならない。下着用の麻布は、復活祭の二〇日後に受けとらねばならない。履物は九月一日に受けとらねばならない。しかし、この聖職者のうちのある者は自分の必要品、即ち履物とカッパをそこから供給され得るような教会の聖職禄を、司教から受けて持っている。

第三〇章　聖人の諸祝日について

次のことを明らかにするのは快いことであった。即ち、主の祝日、聖母マリアの祝日、十二使徒の祝日、この地方において毎年祝うことが習慣であるその他の聖人の祝日には、私たちと、私たちの聖職者たちとは、神が力を与えて下さった限り、日夜、聖務日課を行なうことに専心しなければならないのである。主の御降誕の祝日と、主の御復活の祝日には、司教は、その日にそこにいた場合には、司教館でこの聖職者たちに食事をさせねばならない。これらの日に司教がいない場合には、その時は、聖職者は彼らの食堂で、上記の如く充分に食事をとるべきである。そして食堂から出た後は慰めがあるように、広間で二杯あるいは三杯飲むことができる。しかし酩酊が力を得ないようにしなければならない。そして主の御公現の祝日、御復活の祝日後の水曜日と土曜日、主の御昇天の祝日、聖霊降臨の祝日、そして司教の誕生日、これらの日には、司教は食堂で第六時に彼らに食事をさせねばならない。そして、それによって市内の修道院や市外の近隣の諸修道院を〔作ることになった諸聖人の〕祝日については、彼らがならわしによって持っていたように、私たちは聖職者に食事をさせねばならない。特にこのことは、できる限り、行なわれずにおわるようなことがあってはならない。

そして、その大助祭、あるいは司教の手の下で指導的立場にあると思われる者はこれをうけ、彼はその後、聖職者に食堂で食事をさせねばならない。そして余った分は、彼らの必要のために貯蔵室へ蓄えられねばならない。そしてその大助祭は、彼が聖職者たちのためにひきうけている彼の職務から、聖母マリアの御潔めの祝日、全ての使徒の〔祝日〕(40)、洗者聖ヨハネの〔祝日〕(41)、聖レメディウスの〔祝日〕に、彼らに食堂で食事をとらせねばならない。

●──40 二月二日。
●──41 一〇月一日。

第三一章　この参事会《コングレガティオ》の特別のカノンの規定に加わろうと思う者は、その者が所有している財物について、使徒聖パウロの教会へ(42)、すぐに正式な贈与を行なわねばならないこと。しかしその者が生きている間は、用益権者としての地位は保たれる

私たちは、使徒たちの時代の古代の教会が、きわめてかたく一致、協調しており、全てのものを放棄していた、ということを読んでいる。即ち、個人は自己の所領を売り払ってその代金を使徒の足許におき、使徒たちのうちのいかなるものも、ある財産を自分のものであるとは敢えて言わぬほどであり、彼らにとっては「全て共有物であり」、そのために二つの心と一つの魂を（使徒行伝、四章、32）もっているといわれたのである。というのは、彼らは毎日家のまわりでパンを裂き、それを男、女、子供が一緒に受け、全ての会衆が信仰の火によって燃えたち、信仰の愛の内に呼びおこされ、感謝の祈りと共に全員に充分な物を与えたからである。しかし私たちの時代には説得力を持っていないので、少なくとも次のことを私たちは認めようと思う。即ち、私たちは彼らの生活態度をたとえ僅かではあってもまねてゆかねばならないということである。な

●――42
居住域の南側に位置していた。クロデガングの建立によると考えられていたが、パウルス・ディアコヌス等にその言及がないことから、この説は現在では疑問視されている。Cf. Klauser (Th.) et Bour (R.S.), art. cit., pp.632sq.

ぜならば、既に述べたように、全ての会衆が神の御名のために一致したのであるから、〔神に〕奉仕しなければならない私たちが、この完徳にたとえ僅かな部分ではあっても一致しないということは、あまりにも卑劣に、熱意の乏しい、弛緩した信仰に属することだからである。そして私たちが全てを放棄することができないならば、それを使用するためにだけ、次のようにして私たちの物を保有しよう。〔財物が〕望むと望まざるとにかかわらず、〔私たちに〕残されたとして、〔それを〕私たちの地上の相続人や親族にではなく、そのかわりに、創造主である神によって私たちが共に仕え、その財産から私たちが生計の資を得ている教会に残そう。これは完全な放棄とこの世の軽視の代償として、完全な人々と共に王冠は与えられないにしても、最も小さい人々に対すると同様に、罪の赦しと神の憐れみとを与えられるためである。なぜならば、聖プロスペルスや他の聖なる教父たちは、神の権威に従って、教会の財物によって生活することを望む聖職者が、その所有する財産を、贈与文書によって、奉仕する神と教会とに贈与し、かくして教会の財産を非常に大きな罪責なしに、より自由に使用し、その結果、教会の財物をその聖職者が享受するのと同様に、その聖職者の財物によって高く、より良くなった教会が、その貧民と共に喜ぶことを聖なることであるとしたからである。その聖職者が望むなら、彼の存命中は用益権者の地位で教会のベネフィキウムとしてその財物を保有することができるが、全ての物は共有であり、彼の死後には、それが既に与えられていた教会、あるいは参事会《オルドー・カノニクス》に帰する。同様に彼らは次のように言っている。自分の家産によって充分な物を持っている聖職者は、その個人財産によって生活しなければならない。しかし、〔財産の〕全体についてそのままを、その仕えている神の教会に贈与することを望まないほどに弱い者たちがいた場合には、彼らはキリストの愛において、同教会への自発的な奉仕と真摯な活動に努めねばならない、と。そして、教会の財物を他の参事会員と同様に使用するのであるから、このことのために、自分が特別の憐れみを彼らが個人財産によって奉仕している神から受けることになる者であることを知らねばならない。なぜならば、その務めのために彼らが受けとるであろう物を、喜捨の故に喜捨物管理者に残した場合、彼らは無一物の人々に委ねられるべき物を、罪なくして自分の物として保有することはないからであり、また、彼らは自分の物を放棄し、個人財産に満足しているので、何物をも正当に自分によって受けとられねばならないとは考えないからである。しかしもし、教会に委ねられている物の一部がこのために「自分によって」受けとられねばならないと考え、また自分の物を断念できないために、それを放棄することを明らかにしていない場合には、彼らの貧者たちの間に返されることは彼らにとって嫌うべきことではあろうが、貧者の喜捨によって財産保有者が養われることは、一層醜いことであることを彼らは知らねばならない。そして毎日、貧者、寡婦、孤児、そして同様に困っている者たちを助けるように、カノンの命令によって義務づけられ、常に注意を払わねばならないことが知られている母なる教会が、迷惑を蒙らないよう配慮しなければならない。

それゆえ、私たちが述べてきた貧しい定めにおいて明らかにしたように、私たちが今どのような方法であれ、立て直そうと熱望しているこの参事会《オルドー・カノニクス》に加わろうと思う者は誰でも、所有している財物について、神への奉仕のために聖パウロの教会へすぐに盛式の贈与を行なわねばならず、あるいは、そこで奉仕している聖職者たちにプレカリア[43]を行なわ

●――43 ローマ法に由来する貸借契約のあり方。この契約が、借方の「願い」(preces)によって成立するために、このように呼ばれる。借方は、この契約によって保有する物件の用益権に関して、僅かな支払いの義務を負うのみであった(義務がない場合もあった)。

ねばならない。そしてこのようにしてその者が良しとした場合には、その後に次のような条件で司教から〔その財物を〕受けとるべきである。即ち、彼が生きている間は、用益権者という地位によってその財物を保有することができる。そして彼の死後〔財物の〕全体を、その全附帯物件と共に、それが贈与されていた教会に、同参事会《コングレガティオ》の財物は、何人の文書による譲与、あるいは将来の引き渡しもなく、直ちに返されねばならない。そしてその者は、存命中その地位にある間は、その財物のうちの全ての動産から、貧者であれ、その参事会《コングレガティオ》へであれ、その者が望むところへどこであれ、施しをなし、彼の必要を満たすことができる。そして彼の死後、同動産のある物が余った場合には、〔彼の〕施しとして半分が貧者または彼のミサのため、あるいは彼が望んだところへ行くが、その際、大助祭、プリミケリウス、あるいは生前に彼が依頼していた者がこれを管理する。同施しの半分は、聖職者、あるいは同参事会へ返されるべきである。そしてこれらの聖職者たちは、彼らがプレカリアとして保有している財物について、土地、葡萄園、森林、牧草地、家屋、建物、不自由民、保有農民、あるいは不動産の何についてであれ、譲渡売却、交換の権利は有しない。ただし既に述べたように、果実、彼らがそこで収穫できたものについては、生きている者は望むところのことをなしてよい。

悪霊の誘惑により、プレカリアによってこの財物を保有している兄弟たちのある者が、何らかの重い罪、あるいは軽い罪に陥るということが起った場合には、その者は、司教が彼に裁きを下したところに従って痛悔を行なわねばならない。しかし、その者がプレカリアによって保有していた財物を、このことの故に失うことがあってはならない。私たちが上に定めた方法によって、誰であれ外部の聖職者のみならず、私たちの修道院長の一人がこの参事会へ入ることを望んだ場合には、その者は他の兄弟たちが行なったのと同じ精神で行なわねばならない。また別に、彼らに入ることを望み、完徳のために全ての物を捨てようと思う者があった場合には、司教は、神の霊感によってその者が始めた新しい業を果たすことができるために必要なことを、その者のために配慮しなければならない。

第三二章　喜捨について

受けとられるべき喜捨について、私たちは次のように定めた。ある者が、彼のミサのため、あるいは告白や病気のため、あるいは生きている者であれ死んだ者であれ、彼の愛する者のために、一人の司祭に喜捨としてある物を贈与しようと思った場合、司祭はこれを贈与者から受けとり、それからその者が望んだことを行なわねばならない。また、その者が上のような条件で、あるいはどのような方法によるものであれ、喜捨としてある物を全ての司祭に贈与しようと思った場合には、これは、全ての司祭ならびに全ての参事会員へと行かねばならない。そして全員がこの喜捨を共同で持つべきである。同様に、全ての聖職者へ一緒にやって来たこの喜捨を、全員が共有するべきであり、司教が定めたように、これらの喜捨のために全員が詩篇詠唱、あるいはミサを行なわねばならない。このため、彼の仕事のために受けとられるべき喜捨について、私たちは司祭たちに〔一定の〕量を与えた。なぜならば、罪人たちのこれほど大きな負担をこの司祭たちだけに持って来るということが起った場合、彼らにとってそれはあまりにも大きな重荷であると判断したからである。なぜならば、いかに熱心であるとはいえ、一人よりは多くの方が、より容易に罪人のために神の憐れみを得るからである。各人はその良心によって畏れねばならず、まして他人の罪について、その重荷を力以上に彼ら（司祭）に積み重ねてはならない。これらの喜捨を、大助祭、あるいは、プリケリウスは受けとらねばならない。そして兄弟たちの必要において、彼らに必要なだけ、そして司教が判断しただけ、それを消費することができる。それからいくらか余った場合には、兄弟たちの祭具室へ戻さねばならない。

第三三章　主日、あるいは聖人たちの祝日に、いかにして参事会《カピトゥルム》、あるいはミサに参集しなければならないか

主日、あるいは聖人たちの祝日、あるいは司教(44)やその下にある者たちが命じた時、朝、第一時課が唱えられた後、全員祭服を着、司教の下にある者たちは教会の規定にあるように、幄衣を着て準備しなければならない。そして遅滞なく急いで聖務日課に参集しなければならない。そし

44　pontifexという語が使われいるのはここだけである。

て第一の合図が聞こえると全員が参事会室《カピトゥルム》へ行き、朗読を聴くと、一人のもとにまとまって教会へ進まねばならない。そして第二の合図がなされると、第三時課を唱え、各々所定の場所に座って司教を待たねばならない。ローマの教会の慣習がこのようになっている。そしてその後は司教が全ての事を行ない終るまで、誰もその場所を出てはならない。ただし、司教と共に祭儀に仕えている者、あるいは別の仕事に従事している者たちはこの限りではない。〔仕事が〕特に放置され得ないようなものである場合には、これを司教、あるいはその下にある者たちに知らせねばならない。

司教であれ、助祭、副助祭、侍祭と、どのような位階にある者であれ、聖職者のうちのある者が、そこにおりながら聖務日課を行なう準備をしておらず、彼のために疎漏や遅滞が生じた場合には、重い病気という理由によらない限り、翌日、彼には葡萄酒あるいは飲み物は禁じられなければならない。怠惰あるいは意識的な違犯によってこれを繰り返す場合には、その者は、他の者が恐れを抱くように、司教、あるいはその下にある者たちによって厳しく罰せられねばならない。残りの日は、上に同じ内容で規定したように、参事会室《カピトゥルム》に来なければならない。

第三四章　被救済民《マトリクラリイ》について、彼らは聖訓を聴きに、司教館内の定められた教会へ来なければならない

非常に必要なことによって参事会員の生活を正すことについて、私たちの卑小さと理解力とに従い、神の助けによって、私たちに良いと思われた通りに記述し終えると、私たちは、郊外ならびに司教館にいる被救済民にいたる。なぜならば、彼らの生活は古代の教会の定めに従ってはおらず、大きな危険と軽視の下にあるからである。そして、既に私が述べたように、彼らは説教も告白もなく、ある種の安全の中に置かれ、神の御言葉を聴くために司教館の公の指定参詣聖堂ミサにも、その他の指定参詣聖堂ミサにも来なかったし、全員が各々の場所に止まっていた。

そこで霊友たちと一致して、私たちは次のことを定めた。年間を通じて月に二回、一四日目ごとの土曜日、市内、あるいは村のその他の教会を通じて、所属救貧院を持っている者、ならびに司教館にいる全ての被

救済民は、司教館内の教会の定められた集会に来なければならない。まず朝、第三時の合図が鳴るまで、各自所定の場所で待っていなければならない。そして別の仕事に従事していない場合には、司教が来て、神の助けによって永遠の生命へ到達するために聴く者を教え、救いの道を示す聖書註解の朗読、あるいは聖なる教父たちの然るべき説教集を読むように命じなければならない。第三時課が唱えられても司教が来ない場合には、聖ステファヌス教会の主任代行司祭が司教の代わりに、彼の能力に応じて彼らに救いの道を読み、教えなければならない。そして定められた時に司教が来ない場合でも、ここに書かれていることを遂行することを蔑ろにしないように充分配慮しなければならない。

そして、この司祭に告白を一年に二度、この被救済民は行なわねばならない。一度は四旬節に、いま一度は聖レメディウスの祝日から聖マルティヌスの祝日までの間に行なわねばならない。そして悪魔の誘惑によって、彼らの間にある悪習や不和が生じた場合には、この罪を犯した者は、朗読を聴く最も近い集会において、告白を行なうことが必要である。朗読が終わると、その者は正直に司祭に告白しなければならない。そして、その者がその罪を告白しようとせずにこれを隠し、誰かによって罪が発見された場合には、罪を隠した者は、彼らに神の御言葉を告げ知らせる司祭により、罪責のあり方に従って、あるいは破門され、あるいは体罰を受けねばならない。

そして、各々の救貧院には、被救済民の筆頭者がいなくてはならず、彼は彼らに対して注意深く行動しなければならない。そして、彼らのうちのある者がその罪を隠そうとし、その筆頭者がこれを発見し得た場合には、彼らに朗読を行なう司祭にはいささかも隠してはならない。そしてこの罪を犯した者が同じことを行なった場合には、その者はその司祭によって裁かれねばならない。そしてこの司祭が自らの手でこれを改めることができない場合には、大助祭、あるいはプリミケリウスに知らせねばならない。これは、彼らが罪責のあり方に従って、理に適ってこれを矯すためである。そして必要な場合には、司教がこれを改めるために、司教に知らせねばならない。

そして既に述べたように、全ての被救済民は、一人残らず、定められた日に朗読〔を聴き〕に来なければならない。そして身体ならびに魂に必要な物をその司祭に明かさねばならない。そして司祭はこれを自らの手で改めるか、あるいは彼の上位者たちに知らせなければならない。被救済民のある者が病気でもないのに朗読に来ずに留まっている場合には、一度目と二度目は厳しく叱責されなければならず、それでも改めない場合には破門されなければならない。そして意識的にこれを何度も犯す場合には、被救済民名簿から除かれて、神の御言葉を聴こうと欲する別の者がその代わりに入れられるべきである。

以下にあげるのは七名の執事の名前である。ステパノ、ピリポ、プロコロ、ニカノル、テモン、パルメナそしてニコラオである。

補註

[1] Cf. Gregorius IX. lib. 1, tit. 25 : Ut Primicerius sciat se esse sub Archidiacono, sicut Archipresbyter, et ad ejus curam specialiter pertinere, ut praesit in docendo Diaconis, vel reliquis gradibus Ecclesiasticis in ordine positis: ut ipse disciplinae et custodiae insistat, sicut pro animabus eorum coram Deo rationem est redditurus: et ut ipse Diaconibus donet lectiones, quae ad nocturna officia Clericorum pertinent, et de singulis studium habeat, ut in quacunque re capacem sensum habuerit, absque ulla vacet negligentia, aut a quo ipse jusserit instruantur (cité par Du Cange, *Glossarium*, v° ‹primicerius›).

[2] Cf. Sancti Isidori Regula, cap. 19 : Ad Custodem sacrarii pertinet cura et custodia templi, signum quoque dandi in vespertinis nocturnisque officiis, vela, vestesque sacrae, ac vasa sacrorum, codices quoque, instrumentaque cuncta, eolum in usus sanctuarii, cera et luminaria (cité par Du Cange, *Glossarium*, v° ‹custos›).

[3] この記述だけでは、ここに述べられているオルドー・ローマーヌスが具体的にどれを指しているのかはわからない。ただし、上述の手写本Bにはオルドー・ローマーヌスも収められている。参事会会則とオルドー・ローマーヌスとが共に収められている手写本はBのみである。Bにおいては、両者とも断

片ではあるが、続けて書かれている。即ち参事会会則は1^r—15^v、オルドー・ローマーヌス16^r—18^rである。従って、このオルドー・ローマーヌスがここで述べられているものである可能性は高いように思われる。Cf. ANDRIEU (M.), *Les Ordines Romani du haut Moyen Age,* t. I, Louvain. 1931, réimp. 1965, p. 90. 手写本Bにあるオルドー・ローマーヌスは、アンドリューが一連番号を与えたオルドーの第一番であり、その第三六節から第六四節までに該当する。そこには司教の服装についてではあるが、次のような記述がある。Ordo I, 36-37 (ANDRIEU (M.), *Les Ordines Romani du haut Moyen Age,* t. II. Louvain, 1948, réimp. 1971, p. 79) : Novissime autem quem voluerit domnus pontifex de + diaconibus vel subdiaconibus, cui ipse iusserit, sumit de manu subdiaconi sequentis pallium et induit super pontificem et configit eum cum acus in planeta retro et ante et in humero sinistro et salutat domno, dicit: *Iube, domine, benedicere.* Respondet: *Salvet nos dominus.* Respondet: *Amen.* 37. Deinde subdiaconus regionarius, tenens mappulam pontificis in sinistro brachio super planetam revolutam, exiens ad regiam secretarii, dicit: *Scola.* Respondet: *Adsum.* Et ille: *Quis psallit ?* Respondet: *Ille et Ille.* (＋から手写本Bは始まっている)。

訳者あとがき

本書は、M.-H. Vicaire, O.P., L'IMITATION DES APÔTRES. Moines, chanoines et mendiants IVe - XIIIe siècles, Les Éditions Du Cerf, 1963を翻訳したものである。そしてさらに、関連史料として、『史学雑誌』（第九十二編第十号）に発表された、梅津教孝訳「メッス司教クロデガングによる司教座聖堂参事会会則」を加えて刊行するものである。その際、訳者と史学会からは、快くご了解を頂き、心から感謝とお礼を申し上げたい。

これまで、主として中世初期の『聖ベネディクトゥス戒律』を採用する修道院を中心に、その歴史と文化を考える機会が多かったが、かつて何度か訪れたヨーロッパの修道院や、司教・大司教の館（その一つは、ヴュルツブルク）を見学するたびに、聖書や修道院『戒律』の世界との乖離に驚くことが多かった。そのことが、托鉢修道会に目を移すよい機会ともなった。

また、ヨーロッパ文化史を概観するたびに、ヨーロッパの形成期に現れる「神聖ローマ帝国」の政治と文化の体制は、その後のもろもろの改革、たとえば「グレゴリウス改革」、十二世紀の修道院改革や十三世紀の托鉢修道会の使徒的な改革、そして十四世紀のイギリスにおけるウイクリフの聖書中心のキリスト教改革に始まる宗教改革の歴史を経過しても、社会を根本的に変革するまでには至らなかった。しかし、ヴィケールの説く「使徒の模倣」という改革への視点は、中世に始まるベギン運動に見られるように、現代社会の今後の改革に向かうさまざまな人々に大きな希望と勇気を与えてくれる、最後に残された視点ではなかろうか。

今一つは、ヨーロッパの歴史をいろいろの書物から学ぶ時、その平面的な歴史叙述から得るものは少ない。また、史料や学問的な研究書などの難解な文献の多くが、一般の読者の心を動かすこともきわめて少ない。なぜなら、これらの書物の多くは、生きた歴史叙述となっていないからである。この点、ここに翻訳したヴィケールの『中世修道院の世界—使徒の模倣者たち』は、小冊子ではあるが、誰にでも読むことのできる優れた書物である。

ちなみに、ここで思い出されるのは、ハスキンズ『十二世紀ルネサンス』、ドウソン『ヨーロッパの形成』、サザーン『中世の形成』、ノウルズ『イングランドにおける修道院史』(The Monastic Order in England)といった名著が、しばしば「高校生でも読める研究書」と評されることである。言うまでもなく本書は、これらの大著とは書物としての性格をいささか異にするが、平易な語り口で本質的な問題を論じ、読者を選ばないという点では、通じるものがあると言えよう。ただ原文が正しく日本語に移されているかどうかは、読者の判断にお任せする以外にない。

著者ヴィケールは、一九〇六年フランスに生まれ、アルジェとパリで最初の研究生活を送る。一九二八年、二十二歳の若さでドミニコ会の司祭として叙階され、一九三七年には三十一歳で、スイスのフリブール大学・アルバーティウム学寮の教授となっている。以来、ヨーロッパ中世の教会史、特にドミニコ会研究の第一人者として、著書や論文を精力的に発表しているが、ここでは主要な著作を紹介するにとどめたい。事典類の項目執筆や書評などを含めた詳細な研究業績については、CNRSIRHT の Répertoire International des Médievistes (1971, No. 4) や、インターネット上で公開されている、Guy-Thomas Bedouelle, O.P. による Bibliographie Du P. Marie-Humbert Vicaire Jusqu'à 1977 (http://biblio.domuni.org/articleshist/vicaire/bibvic.htm) を参照されたい。

S. Dominique, l'idée, l'homme et l'œuvre, 2 t., Paris, 1937.（P. Mandonnet との共著）

Histoire illustrée de l'Église, Paris-Genève, 1946-48.

Saint Dominique de Caleruega, d'après les documents du XIIIe siècle, Paris,1955.

Histoire de Saint Dominique, I. Un homme évangélique, II. Au cœur de l'Église,

Paris, 1957.

本書の翻訳を計画したのは、もう十数年前のことである。その頃、饗庭孝男先生を中心に刊行されていた『現代文学』の同人の先生たちとお会いする機会があり、そこでご紹介頂いたのが渡辺隆司さんであった。翻訳は早々に出来たものの、なかなか出版の機会は来なかった。そんな折、中世の精神世界に興味を持った八坂書房の編集者八尾睦巳さんと出合うことになる。氏には、最初から最後までいろいろの面でお世話になった。この場を借りて感謝とお礼を申し上げたい。また本書の刊行にあたって、いつもながらいろいろの面でご教示を下さった河井田研朗先生に、心からお礼と感謝を申し上げる。また、最後になったが、この種の書物の刊行に理解を示して下さった、八坂書房の社主八坂立人氏に感謝とお礼を申し上げたい。

二〇〇四年八月二十五日

朝倉文市

【マ】

【ヤ】

【ラ】

索　引

＊原則として、ヴィケールの本文のみ（P13-153）を対象として作成したものである。

［監訳者・訳者略歴］

朝倉文市（あさくら・ぶんいち）
宮崎出身。上智大学大学院修士課程（西洋文化研究科）修了。
現在、ノートルダム清心女子大学文学部教授・キリスト教文化研究所勤務、
中世ヨーロッパ文化史専攻。
著書に、『ヨーロッパ成立期の修道院文化の形成』（南窓社）、『修道院―禁欲と観想の中世』（講談社現代新書）、『修道院にみるヨーロッパの心』（山川出版社）、訳書に、ノウルズ『修道院』（平凡社）、レイスナー『ローマの歴史家』・ハスキンズ『十二世紀ルネサンス』（共訳、みすず書房）、レッカイ『シトー会修道院』（平凡社）、ハメル『聖書の歴史図鑑』（監訳、東洋書林）などがある。

渡辺隆司（わたなべ・たかし）
大阪出身。早稲田大学大学院博士課程（フランス文学）で学んだ後、フランス政府給費留学生としてパリ第IV大学（SORBONNE）第三期博士課程（フランス文学）に学び、DEA（博士論文提出資格）取得。
現在、青山学院大学・中央大学・日本女子大学などでフランス語を教えている。フランス文学だけではなく、フランス語教育に関する論文、学会発表なども多く、『リカのフランス語単語帳』『かしこい旅のパリガイド』（駿河台出版社）、『トラブラないトラベル会話・フランス語』（三修者）など、フランス語教科書・参考書も多数執筆している。その他、ピエール・バルベリス『バルザック―レアリスムの構造』（共訳、新日本出版社）、アンヌ・フィリップ『丘の上の出会い』（福武書店）、『ブリジット・バルドー自伝・イニシャルはＢＢ』（早川書房）など訳書も数多い。

梅津教孝（うめづ・のりたか）

福岡出身。九州大学大学院修士過程（西洋史学）修了。

現在、福岡大学、九州産業大学等の非常勤講師。

中世初期ヨーロッパ史専攻。

論文に、「フランク王国における教階制成立に関する一考察―大司教位の出現をめぐって」（『西洋史学論集』24）、「リウドゲルス著『ユトレヒト修道院長グレゴリウス伝』への覚え書き―聖者伝史料の理解のために」（『西洋史学論集』29）、「シャルルマーニュの文書に見るラテン語の質―書記ヴィグバルドゥスの検討」（『西洋史学論集』39）、「カロリング期の聖者伝―『ボニファティウス伝』を中心に」（『ヨーロッパ中世世界の動態像―史料と理論の対話』、九州大学出版会、2004年）などがある。

[著者略歴]

M.-H. ヴィケール　Marie-Humbert Vicaire, OP

1906年生まれ。

アルジェとパリで最初の研究生活を送ったのち、1937年にスイスのフリブール大学・アルバーティウム学寮の教授となる。以後ヨーロッパ中世の教会史、とりわけドミニコ会研究の第一人者として活躍し、*Histoire de Saint Dominique,* 1957をはじめ、数多くの著作・論文がある。

中世修道院の世界 —使徒の模倣者たち

2004年9月21日　初版第1刷発行

監訳者　朝倉文市

訳者　渡辺隆司

梅津教孝

発行者　八坂立人

印刷・製本　モリモト印刷(株)

発行所　(株)八坂書房

〒101-0064 東京都千代田区猿楽町1-4-11

TEL.03-3293-7975 FAX.03-3293-7977

郵便振替口座 00150-8-33915

ISBN 4-89694-847-5